斯维导图

注册会计师考试辅导用书·公司战略与风险管理

斯尔教育 组编

電子工業出版社
Publishing House of Electronics Industry
北京·BEIJING

图书在版编目（CIP）数据

公司战略与风险管理 / 斯尔教育组编. -- 北京 ：电子工业出版社, 2025. 2. --（注册会计师考试辅导用书）. -- ISBN 978-7-121-49640-0

Ⅰ. F276.6

中国国家版本馆CIP数据核字第2025GW3272号

责任编辑：张春雨
印　　刷：天津鸿景印刷有限公司
装　　订：天津鸿景印刷有限公司
出版发行：电子工业出版社
　　　　　北京市海淀区万寿路173信箱　　邮编：100036
开　　本：787×1092　1/16　　印张：5　　字数：204千字
版　　次：2025年2月第1版
印　　次：2025年2月第1次印刷
定　　价：50.00元

凡所购买电子工业出版社图书有缺损问题，请向购买书店调换。若书店售缺，请与本社发行部联系，联系及邮购电话：（010）88254888，88258888。

质量投诉请发邮件至zlts@phei.com.cn，盗版侵权举报请发邮件至dbqq@phei.com.cn。

本书咨询联系方式：faq@phei.com.cn。

目录

使用指南

- (新) 新增内容
- (变) 变动内容
- ● 背诵和记忆内容
- ● 关键词句

提示性、拓展性内容

第一章 战略与战略管理概述 （考5～7分）

战略与战略管理概述

- **公司战略的基本概念**
  - 公司使命
    - (1) 目的
      - ①营利组织：企业价值为先
      - ②非营利组织：社会价值为先
    - (2) 宗旨 — 经营业务范围
    - (3) 经营哲学 — 价值观、基本信念、行为准则
  - 具体化 ↓
  - 公司目标
    - (1) 两个体系：财务 + 战略
    - (2) 两个维度：短期 + 长期
  - 如何实现？↓
  - 战略定义
    - (1) 传统概念：计划性、全局性、长期性（既关注终点，也关注途径）
    - (2) 现代概念：应变性、竞争性、风险性（只关注途径）
    - (3) 综合概念：预先性（传统概念）、反应性（现代概念）
  - 战略层次
    - (1) 总体战略（公司层战略）：选择可以竞争的经营领域
    - (2) 业务单位战略（竞争战略）：在各自的经营领域竞争
    - (3) 职能战略：提高组织效率、协同作用
- **公司战略管理**
  - 特征 — 综合性、高层次、动态性
  - 过程
    - (1) 战略分析 — 外部环境分析、内部环境分析
    - (2) 战略选择
      - ①可选择战略类型 — 总体战略、竞争战略、职能战略
      - ②战略选择过程
        - a. 制定方法：自上而下、自下而上、上下结合
        - b. 评估标准：适宜性、可接受性、可行性
      - ③选择战略：依目标（最有利方案）、提上级（管理部门审批）、请专家（客观）
    - (3) 战略实施：组织结构、企业文化、战略控制、数字化转型、协调关系
  - (1) 类型
    - ①产品创新 — 关键词：自研、研发、设计、推出新产品
    - ②流程创新 — 关键词：生产流程变革
    - ③定位创新 — 关键词：定位
    - ④范式创新 — 关键词：思维模式和实践规范

战略创新管理

(2) 探索战略创新的不同方面

- ①创新的新颖程度
  - a. 渐进性：发生在某些时点，影响企业体系中的某些部分
  - b. 突破性：全面性的变化过程，影响企业整体
- ②创新的基础产品和产品家族：借助“基础产品”或“产品家族”为创新提供延展空间
- ③创新的层面
  - a. 组件层面：局部创新（只涉及单一技术的产品、服务）
  - b. 架构层面：系统性创新（涉及多种技术的产品、服务）
- ④创新生命周期

创新特征	流变阶段	过渡阶段	成熟阶段
竞争重点	产品性能	产品差异化	降低成本（产品价格）
创新的驱动因素	客户需求、技术投入	扩展内部的技术能力来创造机会	降低成本、提高效率
创新的主要类型	产品经常性的重要变化	重大流程创新	渐进性的产品创新和流程创新
产品线	多样性，包括定制的设计	包括至少一种稳定或主导的设计	基本无差异的标准化
生产流程	灵活低效、目标带有实验性、经常变化	越来越严格明确	高效、资本集约化

(3) 战略创新的情境

- ①建立创新型组织
  - a. 共同使命、领导力和创新的意愿
  - b. 合适的组织结构
  - c. 关键个体
  - d. 全员参与创新
  - e. 有效的团队合作
  - f. 创造性的氛围
  - g. 跨越边界
- ②制定创新的战略

(4) 创新管理的主要过程 — 搜索阶段→选择阶段→实施阶段→获取阶段

战略与战略管理概述

公司战略管理

战略创新管理

(5) 创新管理流程模型

- ①阶段—门模型
  - a. 阶段设置 — 市场研究、概念开发、定义产品、技术开发、产品设计、原型制作、测试检验、全面生产以及市场推广
  - b. 管理方法 — 每个阶段之间设置了一道决策门，由跨职能的团队或决策委员会依据有关技术、市场、财务等方面的信息，对项目的阶段活动成果进行分析和评估，评估结果分为“进入下一阶段”“放弃”和“返工”
  - c. 特点
    - Ⅰ. 及早发现和纠正问题，有效控制项目风险
    - Ⅱ. 有效控制资源的使用，确保每个阶段都有足够的资源支持
- ② 3M 创新漏斗模型

阶段名称	关键词
涂鸦式创新	头脑风暴、自由探索、组织提供各类支持、容许创新志愿者犯错
设计式创新	列入加速发展计划；获得各职能部门的支持，通过一系列流程，最终实现初步商业化；鼓励团队
引领式创新	追加投资；邀请专家指导，并提供营销和供应链方面的支持，生产和销售规模逐步扩大；鼓励团队 + 个人

- ③集成产品开发（IPD）流程
  - a. 摒弃“纯技术”路线
  - b. 将产品开发作为投资进行管理
  - c. 强调企业内外部的沟通与协作

战略管理中的权力与利益相关者

(1) 企业主要的利益相关者
- ①内部：股东与机构投资者、经理阶层、企业员工
- ②外部：政府、购买者 / 供应者、债权人、社会公众

(2) 利益相关者的矛盾
- ①投资者与经理人
  - a. 鲍莫尔“销售最大化”模型：收入与利润的博弈
  - b. 马里斯的增长模型：公司规模增长大小的博弈
  - c. 威廉姆森的管理权限理论：经理人个人利益与公司利益的博弈
- ②企业员工与企业（股东 / 经理）— 列昂惕夫模型：工资水平与就业水平的博弈
- ③企业利益与社会效益的矛盾与均衡
  - 企业社会责任与企业利润的博弈 社会责任
    - 保证企业利益相关者的基本利益要求
    - 保护自然环境
    - 赞助和支持社会公益事业

①权力与职权

权力	职权
权力的影响力在各个方面	职权沿着企业的管理层次方向自上而下
受制权力的人不一定能够接受这种权力	职权一般能够被下属接受
权力来自各个方面	职权包含在企业指定的职位或功能之内
权力很难识别和标榜	职权在企业的组织结构图上很容易确定

(3) 权力与战略过程

②权力来源

- a. 对资源的控制与交换的权力
- b. 在管理层次中的地位（法定权、奖励权、强制权）
- c. 个人的素质和影响（榜样权、专家权）
- d. 参与或影响企业的战略决策与实施过程
- e. 利益相关者集中或联合的程度

③权力运用

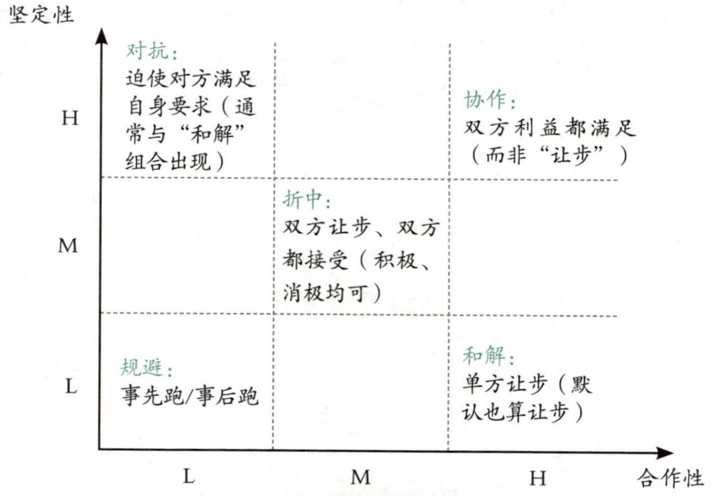

对待矛盾与冲突的行为模式

笔记区

战略分析

外部环境分析

宏观环境分析（PEST）

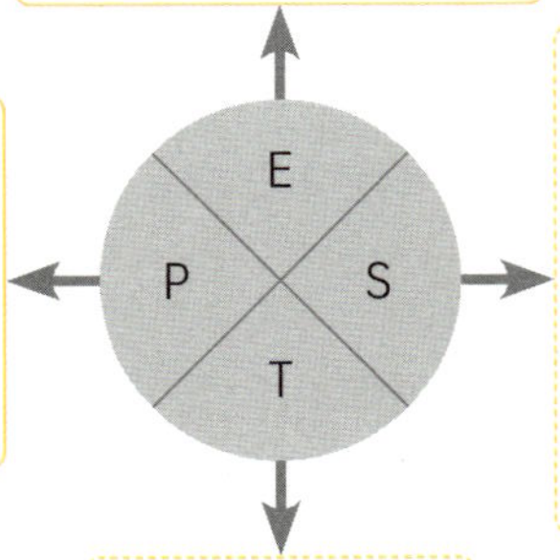

经济
- 社会经济结构
- 经济发展水平与状况
- 经济体制
- 宏观经济政策
- 其他经济条件

政治和法律
- 政局稳定状况
- 政府行为
- 执政党态度和推行的政策
- 法律法规

社会和文化
- 人口因素
- 社会流动性
- 消费心理
- 生活方式变化
- 文化传统
- 价值观

分析核心是“人”

技术
- 国家科技体制
- 科技政策
- 科技水平
- 科技发展趋势

并非企业自身技术水平

（1）产品生命周期各阶段的主要特征

维度	导入期	成长期	成熟期	衰退期
销量（用户）	用户很少，只有高收入用户尝试新的产品	销量节节攀升	市场巨大但基本饱和，主要靠老用户重复购买	用户对性价比要求很高
价格和利润	价格高、毛利高、净利低	价格和利润均最高	价格和利润下降	价格低、毛利低
生产	产能过剩	产能不足，需向大批量转换	局部产能过剩	产能严重过剩
产品质量	有待提高	参差不齐	产品标准化，改进缓慢	出现质量问题

产业环境分析 — 产品生命周期

续表

维度	导入期	成长期	成熟期	衰退期
行业竞争	对手很少	对手增加，竞争加剧，出现资源争夺和兼并	出现挑衅性的价格竞争	只有大批量生产并有自己销售渠道的企业才有竞争力
战略目标	扩大市场份额，争取成为“领头羊”	争取最大市场份额，坚持到成熟期到来	巩固市场份额，提高投资报酬率	防御，获取最后的现金流
战略路径	投资于研究开发和技术改进，提高产品质量	市场营销（改变价格形象和质量形象的好时机）	提高效率，降低成本	控制成本，以求能维持正的现金流量
经营风险	逐渐下降			
财务风险	逐渐上升			

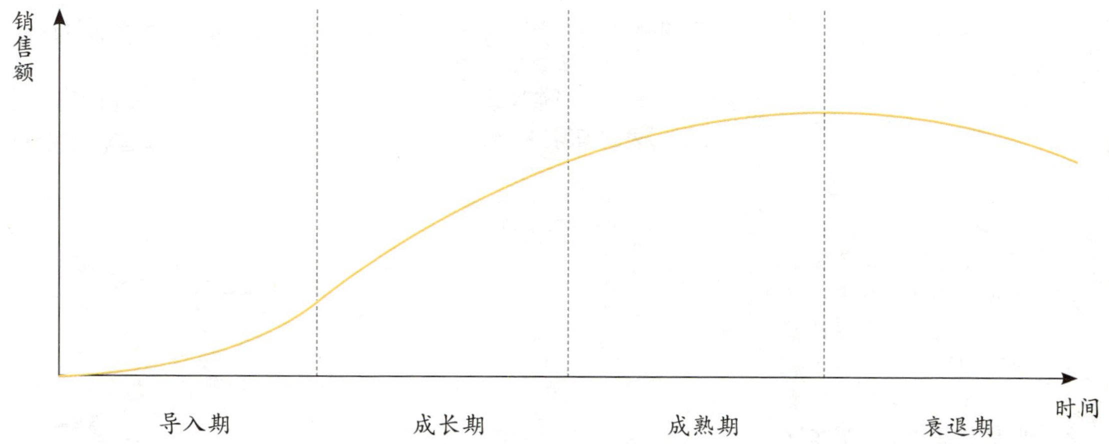

（2）产品生命周期模型的局限性

①分不清：一个产业究竟处于生命周期的哪一个阶段通常不清楚

②有特例：产业的增长并不总是呈“S”形

③易臆想：公司可以通过产品创新和产品的重新定位，来影响增长曲线的形状

④差异大：与生命周期每一阶段相联系的竞争属性随着产业的不同而不同

战略分析

外部环境分析

产业环境分析

产业五种竞争力

(1) 供应者、购买者讨价还价的能力（除了一体化，其他均为正比关系）

①威胁：讨价还价能力，能力大小取决于“四化”水平。

a.集中化：集中程度/业务量。

b.差异化：产品差异化/资产专用化程度。

c.一体化：购买者→后向一体化、供应者→前向一体化。

d.透明化：信息掌握程度。

②应对：建立联盟。

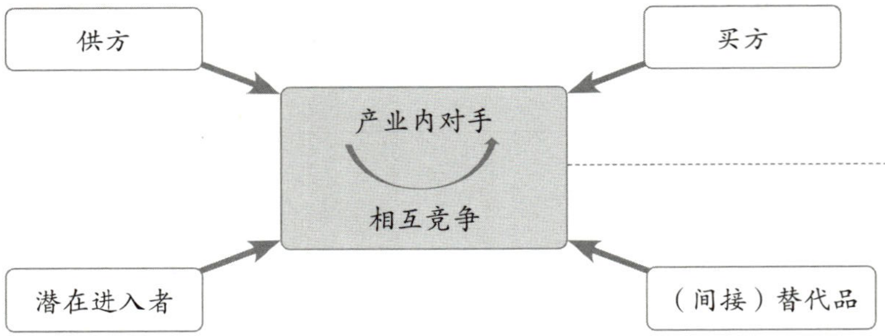

(2) 产业内现有企业的竞争

①威胁：争夺市场占有率（如价格战、广告战）。

②应对：基本竞争战略。

③同业竞争强度影响因素：

a.产业内有众多的势均力敌的竞争对手。

b.产业发展缓慢（市场需求降低）。

c.顾客认为所有的商品都是同质的（无法加价）。

d.产业中存在过剩的生产能力（供大于求）。

e.产业进入障碍低，而退出障碍高（进得来，出不去）。

(3) 潜在进入者的进入威胁

①威胁：瓜分份额、激发竞争。

②应对：

a.设置行为性障碍：限制进入定价、进入对方领域。

b.设置结构性障碍：

· 波特七分法：规模经济、产品差异、资金需求、转换成本、分销渠道、其他优势、政府政策。

· 贝恩三分法：规模经济、现有企业对关键资源的控制、市场优势。

(4) 替代品的替代威胁

①威胁：替代威胁（性价比之争）。

②应对：提高价值（降低成本和价格）。

(5) 应对五种竞争力的战略

①成本领先战略、差异化战略或集中化战略

②建联盟、设障碍

(6) 五力模型的局限性

①静态：该分析模型基本上是静态的

②适用性：对于非营利机构，有关获利能力的假设可能是错误的

③理想化：只是一种理想的方式

④信息不对称：制定战略时掌握整个行业信息的可能性不大

⑤忽略竞合：低估各个关系之间可能建立长期合作关系减少威胁的可能性

⑥不全面：对产业竞争力的构成要素考虑不够全面

成功关键因素

（1）定义：公司在特定市场获得盈利必须拥有的技能和资产

（2）不同产业的成功关键因素

部门类别	成功关键因素
铀、石油	原料资源
船舶制造、炼钢	生产设施
航空、高保真音响	设计能力
纯碱、半导体	生产技术
百货商场、零部件	产品范围、选址
大规模集成电路、微机	工程设计和技术能力
电梯、汽车	销售能力、售后服务
啤酒、家电	销售网络
服装生产	设计和色彩、低成本制造能力
铝罐行业	工厂与用户的距离（影响装运成本）

啤酒行业还包括酿酒能力和上乘的广告

（3）不同周期的成功关键因素

方面	导入期	成长期	成熟期	衰退期
市场	广告宣传，了解需求，开辟销售渠道	建立商标信誉，开拓新销售渠道	保护现有市场，渗入别人的市场	选择市场区域，改善企业形象
生产经营	提高生产效率，开发产品标准	改进产品质量，增加花色品种	加强和顾客的关系，降低成本	缩减生产能力，保持价格优势
财力	利用金融杠杆	集聚资源以支持生产	控制成本	提高财务管理和控制系统的效率
人力资源	使员工适应新的生产和市场	发展生产和技术能力	提高生产效率	面向新的增长领域
研究开发	掌握技术秘诀	提高产品的质量和功能	降低成本，开发新品种	面向新的增长领域

笔记区

战略分析

外部环境分析

竞争环境分析

- 竞争对手分析（分析单个对手）
  - （1）假设——对内外部环境的判断 / 分析
  - （2）未来目标——战略目标
  - （3）现行战略——实施战略
  - （4）能力——竞争优势
    - ①核心能力：独有的长处或优势
    - ②成长能力：所处产业发展壮大的潜力
    - ③快速反应能力：对所处环境变化迅速应对的能力，强调“迅速”
    - ④适应变化能力：对外部环境变化适时调整的能力，强调“顺应”
    - ⑤持久力：处于不利环境，坚持等待局面改变的时间长短
- 产业内的战略群组（分析一组对手）
  - （1）定义：一个战略群组是指某一个产业中在某一战略方面采用相同或相似战略，或具有相同战略特征的各公司组成的集团
  - （2）划分：战略群组是依据战略群组特征的变量（例如产品差异化程度、所使用的分销渠道、品牌的数量、价格水平等）进行划分的
  - （3）作用
    - ①有助于了解战略群组内企业竞争的主要着眼点
    - ②有助于很好地了解战略群组间的竞争状况，主动地发现近处和远处的竞争者，也可以很好地了解某一群组与其他群组间的不同
    - ③有助于了解各战略群组之间的“移动障碍”
    - ④利用战略群组图还可以预测市场变化或发现战略机会

企业资源分析

- （1）类型
  - ①有形资源
    - a. 物质资源：土地、厂房、生产设备、原材料等
    - b. 财务资源：应收账款、有价证券等
  - ②无形资源 — 技术资源：专利、版权和商业秘密等
  - ③人力资源
    - a. 员工的数量和结构（如年龄结构、受教育结构）
    - b. 员工拥有的知识、能力和素质
    - c. 组织、管理、培育、发展人力资源的体制和机制
- （2）企业竞争优势资源判断标准
  - ①稀缺性：有利的地理位置
  - ②不可模仿性
    - a. 物理上独特的资源：房地产极佳的地理位置、矿物开采权、专利生产技术
    - b. 具有路径依赖性的资源：需长期积累
    - c. 具有因果含糊性的资源：如企业文化、优越的人力资源、组织经验
    - d. 具有经济制约性的资源：因市场空间有限
  - ③不可替代性：如旅游景点的独特优势
  - ④持久性：如品牌资源不断升值

- （1）研发能力
- （2）生产管理能力

内部环境分析

资源与能力分析

- 企业能力分析
  - (3) 营销能力
    - ①产品竞争能力 — 产品质量好、成本低、销量高、口碑好、利润高
    - ②销售活动能力 — 渠道广、物流快、销售队伍强大、经销商管理良好
    - ③市场决策能力 — 积极推行、战略布局、管理层决定、××领导认为
  - (4) 组织管理能力 — 某企业实施跨国并购、进军国际市场、开设多个门店、设立新的品牌、完善战略布局、集团管控模式
    - 对应案例原文可能会有重叠
  - (5) 财务能力
- 企业核心能力
  - (1) 特征
    - ①价值性：比竞争对手更优秀
    - ②独特性：企业所独有，难以模仿复制
    - ③可延展性：能够不断衍生出新的产品，扩散到企业经营的其他相关产业
    - ④不可替代性：是其他能力不可替代的
    - ⑤动态性：不是静止不变的
    - ⑥整合性：将多种优势资源融合，从而产生协同作用
  - (2) 识别与评价
    - ①企业的自我评价
    - ②产业内部比较
    - ③成本驱动力和作业成本法
    - ④收集竞争对手的信息
    - ⑤基准分析
      - a. 选择基准对象
        - 占用较多资金的活动
        - 能显著改善与顾客关系的活动
        - 能最终影响企业结果的活动
      - b. 基准类型
        - 内部基准：以企业内部各个部门之间为基准比较
        - 顾客基准：以顾客的预期为基准比较
        - 竞争性基准：直接以竞争对手为基准比较
        - 注意辨析
          - 过程或活动基准：以有类似核心经营业务的企业为基准比较（不同行业无竞争）
          - 一般基准：以有相同业务功能的企业为基准比较（同一行业无竞争）
- 钻石模型
  - 某个国家某个产业整体的“管理意识形态”“经营策略”“经营状况”以及“同业之间的企业合作与竞争”

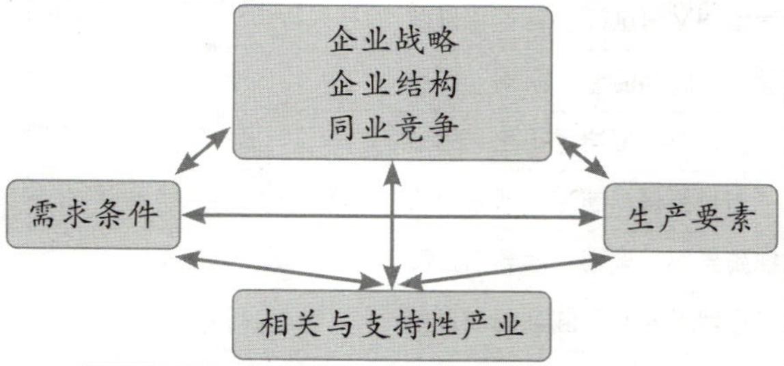

  - 需求条件：某个国家某个产业能否满足消费者的需求，或者存在预期的需求变化（如成为消费热点）
  - 生产要素：
    - ·初级要素：天然资源、气候、地理位置、非技术工人、资金
    - ·高级/专业要素：现代通讯、信息、交通、受过高等教育的人力、高级专业人才、研究机构、专用的软硬件设施+各类企业能力（如创新能力、技术实力）
  - 相关与支持性产业：上游供应商、下游渠道商、配套产业或业态

战略分析

内部环境分析

价值链分析

（1）两类活动

类型	名称	示例
基本活动	内部后勤（进货物流）	原材料的装卸、入库、盘存、运输及退货等
	生产经营	加工、装配、包装、设备维修、检测等
	外部后勤（出货物流）	最终产品的入库、接受订单、送货等
	市场销售	广告、定价、销售渠道等
	服务	培训、修理、零部件的供应和产品的调试等
支持活动	采购管理	原材料及其他资源投入的购买和管理（如企业聘请咨询公司为企业进行广告策划、市场预测、管理信息系统设计，法律咨询）
	技术开发	既包括生产性技术，如生产方面的工程技术、通信方面的信息技术； 也包括非生产性技术，如领导的决策技术
	人力资源管理	职工招聘、雇用、培训、提拔和退休等
	企业基础设施	组织结构、惯例、控制系统以及文化等，包括高层管理人员

（2）三个步骤

①确认那些支持企业竞争优势的关键性活动

②明确价值链内各种活动之间的联系

③明确价值系统内各项价值活动之间的联系

业务组合分析

（1）业务组合划分

（2）不同业务组合下的特点、战略及管理组织选择

业务类型	资金情况	应对战略	管理组织选择
问题业务（高增长、弱竞争）	①最差的现金流。 ②需要企业大量投资支持，但生成的资金很少	采取选择性投资战略： ①短期内通过改进可转化为“明星”的业务：重点投资——发展； ②对有希望成为“明星”的业务：纳入长期计划，持续改进与扶持——发展； ③对没有希望成为“明星”的业务——收割 / 放弃	组织：智囊团 / 项目组织等形式。 人才：有规划能力、敢于冒风险的人

业务组合分析

波士顿矩阵

续表

业务类型	资金情况	应对战略	管理组织选择
明星业务（高增长、强竞争）	①市场增长及获利极好。 ②需要大量的投资，企业需在短期内优先供给它们所需的资源	采取发展战略： 积极扩大经济规模和市场机会，以长远利益为目标，提高市场占有率，加强竞争地位——发展	组织：事业部。 人才：对生产技术和销售两方面都很内行的经营者
现金牛业务（低增长、强竞争）	①市场地位有利，盈利率高。 ②本身不需要投资，能为企业提供大量资金	采用收割 / 保持战略： ①对不再增长的业务——收割： 把设备投资和其他投资尽量压缩，采用榨油式方法，争取在短时间内获取更多利润，为其他产品提供资金。 ②对仍有所增长的业务——保持： 进一步进行市场细分，维持现存市场增长率或延缓其下降速度	组织：事业部。 人才：市场营销型人物
瘦狗业务（低增长、弱竞争）	竞争激烈，利润很低，不能成为企业资金的来源	采用收割或放弃战略： ①减少批量，逐渐撤退： a. 对于还能自我维持的业务：缩小经营范围，加强内部管理——收割； b. 对市场增长率和企业市场占有率均极低的业务，立即淘汰——放弃。 ②将剩余资源向其他业务转移	整顿产品系列，最好将“瘦狗”产品并入其他事业部，统一管理

（3）运用战略总结

业务类型	发展	保持	收割	放弃
问题业务	√	—	√	√
明星业务	√	—	—	—
现金牛业务	—	√	√	—
瘦狗业务	—	—	√	√

笔记区

战略分析

内部环境分析

业务组合分析

通用矩阵

（1）图例

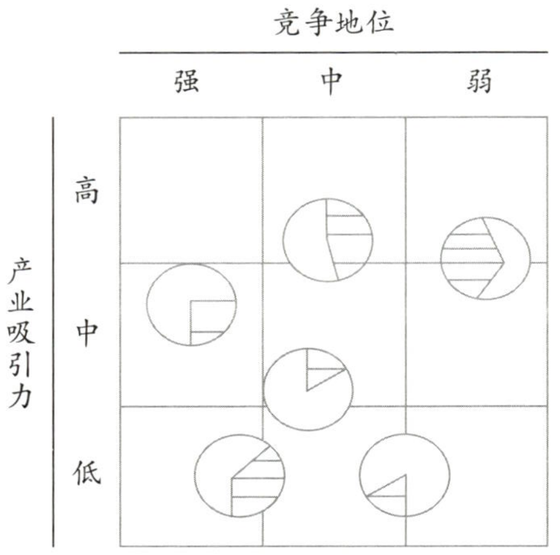

通用矩阵

横轴、纵轴用多个指标反映

（2）应用

- ①增长与发展战略：左上方三个方格业务
- ②停止、转移、撤退战略：右下方三个方格业务
- ③维持 / 选择性发展：对角线三个方格业务

内外部环境综合分析（SWOT 分析）

应用

内部环境	外部环境：机会（O）	外部环境：威胁（T）
（S）优势	增长型战略-SO	多种经营战略-ST
劣势（W）	扭转型战略-WO	防御型战略-WT

SWOT分析

笔记区

战略选择

总体战略

- 总体战略主要类型
  - 发展战略
    - 一体化战略：纵向一体化、横向一体化
    - 密集型战略：市场渗透、产品开发、市场开发
    - 多元化战略：相关多元化、非相关多元化
    - 实施途径：内部发展、外部发展、战略联盟
  - 稳定战略
  - 收缩战略
    - 紧缩与集中战略
    - 转向战略
    - 放弃战略

一体化战略

(1) 纵向一体化

①内涵：向产业链上下游延伸

②优点
- a. 有利于节约与上下游企业在市场上进行购买或销售的交易成本
- b. 控制稀缺资源
- c. 保证关键投入的质量或者获得新客户

③缺点：增加企业的内部管理成本

④风险
- a. 不熟悉新业务领域所带来的风险
- b. 纵向一体化，尤其是后向一体化，一般涉及的投资数额较大且资产专用性较强，增加了企业在该产业的退出成本

⑤分类

类型	动因/优点	适用条件
前向一体化（向下游延伸：分销商或零售商）	通过控制销售过程和渠道，有利于企业控制和掌握市场，增强对消费者需求变化的敏感性，提高企业产品的市场适应性和竞争力	a. 企业具备前向一体化所需的资金、人力资源等； b. 企业所在产业的增长潜力较大； c. 销售环节的利润率较高； d. 企业现有销售商的销售成本较高或者可靠性较差而难以满足企业的销售需要

续表

类型	动因/优点	适用条件
后向一体化（向上游延伸：供应商）	有利于企业有效控制关键原材料等投入的成本、质量及供应可靠性，确保企业生产经营活动稳步进行	a. 企业具备后向一体化所需的资金、人力资源等； b. 企业所在产业的增长潜力较大； c. 供应环节的利润率较高； d. 企业现有供应商的供应成本较高或者可靠性较差而难以满足企业对原材料、零部件等的需求； e. 有利于控制原材料成本，确保价格稳定； f. 供应商数量较少而需求方竞争者众多

发展战略

（2）横向一体化
- ①内涵：向同类产业延伸
- ②优点：实现规模经济，获取竞争优势
- ③适用条件
  - a. 具备横向一体化所需的资金、人力资源等
  - b. 符合反垄断法律法规，能够在局部地区获得一定的垄断地位
  - c. 所在产业的增长潜力较大
  - d. 所在产业的规模经济较为显著
  - e. 企业所在产业竞争较为激烈

密集型战略

（1）安索夫矩阵

	现有产品	新产品
现有市场	市场渗透： 在单一市场，依靠单一产品，试图通过更强的营销手段来获得更大的市场占有率。	产品开发： 在现有市场上推出新产品；延长产品生命周期，提高产品差异化程度。
新市场	市场开发： 将现有产品推销到新地区。	多元化： 企业进入与现有产品和市场不同的领域：相关多元化；非相关多元化。

（2）分类

类型	适用情况
市场渗透（现有产品+现有市场）	①企业拥有强大的市场地位，并且能够利用经验和能力来获得强有力的独特竞争优势； ②企业决定将利益局限在现有产品或市场领域； ③整个市场正在增长； ④市场渗透战略对应的风险较低、高级管理者参与度较高，且需要的投资较少； ⑤其他企业由于各种原因离开了市场
市场开发（现有产品＋新市场）	①企业拥有扩大经营所需的资金和人力资源； ②企业在现有经营领域十分成功；企业存在过剩的生产能力； ③存在未开发或未饱和的市场； ④可得到新的、可靠的、经济的和高质量的销售渠道； ⑤企业的主业属于正在迅速全球化的产业

战略选择

总体战略

发展战略

密集型战略

（2）分类

续表

类型	适用情况
产品开发（新产品 + 现有市场）	①企业具有较强的研究与开发能力； ②企业产品具有较高的市场信誉度和顾客满意度； ③企业所在产业属于适宜创新的高速发展的高新技术产业； ④企业所在产业正处于高速增长阶段； ⑤主要竞争对手以近似价格提供更高质量的产品

多元化战略

（1）分类
- ①相关 / 同心多元化（进入相关领域）
- ②非相关 / 离心多元化（进入不相关领域）

（2）实施原因
- ①在现有产品或市场中持续经营不能达到目标
- ②过去留存的资金超过了未来扩张的资金
- ③与在现有产品或市场中的扩张相比，多元化战略意味着更高的利润

（3）优点与风险

维度	优点	风险
原有业务	①利用未被充分利用的资源； ②运用盈余资金； ③运用企业在某个产业或某个市场中的形象和声誉来进入另一个产业或市场	来自原有经营产业的风险
新业务	①更容易地从资本市场中获得融资； ②当企业在原产业无法增长时找到新的增长点； ③获得资金或其他财务利益（如累计税项亏损）	①产业进入风险； ②产业退出风险
整体业务	分散风险	①市场整体风险； ②内部经营整合风险

并购战略

（1）类型
- ①按并购双方所处的产业：横向并购、纵向并购、多元化并购
- ②按被并购方的态度：友善并购、敌意并购
- ③按并购方的身份：产业资本并购、金融资本并购
- ④按并购资金来源：杠杆并购、非杠杆并购

（2）动机
- ①避开进入壁垒，迅速进入，争取市场机会
- ②获得协同效应
- ③克服企业负外部性，减少竞争，增强对市场的控制力

（3）失败的原因
- ①事前：决策不当
- ②事中：支付过高的并购费用
- ③事后：并购后不能很好地进行企业整合
- ④特殊情形：跨国并购面临政治风险

发展战略的主要途径

内部发展战略（新建）

（1）实施原因

①开发新产品的过程使企业能深刻地了解市场及产品
②保持统一的管理风格和企业文化
③为管理者提供职业发展机会
④这可能是唯一合理的、实现真正技术创新的方法
⑤可以有计划地进行，容易从企业资源获得财务支持，并且成本可以按时间分摊
⑥内部发展的成本增速较慢
⑦不存在合适的收购对象
⑧代价较低，因为获得资产时无须为商誉支付额外的金额
⑨并购通常会产生隐藏的或无法预测的损失，而内部发展不太可能产生这种情况
⑩风险较低

（2）缺点

①在市场上增加了竞争者，这可能会激化某一市场内的竞争
②从一开始就缺乏规模经济或经验曲线效应
③进入新市场可能要面对非常高的障碍
④企业不能接触到其他企业的知识及系统
⑤当市场发展得非常快时，内部发展会显得过于缓慢

（3）应用条件

①产业处于不均衡状况，结构性障碍还没有完全建立起来
②产业内现有企业的行为性障碍容易被制约
③企业有能力克服结构性与行为性障碍

企业战略联盟

（1）动因

①促进技术创新
②避免经营风险
③避免或减少竞争
④实现资源互补
⑤开拓新的市场
⑥降低协调成本

开拓互补，一提三降

（2）类型及特点

类型		优点	缺点
股权式联盟	合资企业	①有利于扩大企业的资金实力； ②通过部分“拥有”对方的形式，增强双方的信任感和责任感，因而更有利于长久合作	灵活性差
股权式联盟	相互持股投资	①有利于扩大企业的资金实力； ②通过部分“拥有”对方的形式，增强双方的信任感和责任感，因而更有利于长久合作	灵活性差
契约式联盟	功能性协议	①更强调协调与默契，更具有战略联盟的本质特征； ②在经营灵活性、自主权和经济效益等方面更为优越	①企业对联盟的控制能力差； ②组织松散，缺乏稳定性和长远利益； ③联盟内成员之间的沟通不充分； ④组织效率低下等

（3）管控措施

①订立协议
②建立合作信任的联盟关系

战略选择

总体战略

发展战略的主要途径

企业战略联盟

(4) 战略联盟的新发展——网络合作联盟

①新成员企业的具体评估与判断标准
- a. 对相关业务领域的理解、优势和潜力（如关注新企业的资源状况与战略）
- b. 与现有联盟成员企业的业务内容的重叠度
- c. 与现有联盟成员企业战略的相容性
- d. 与现有联盟成员企业的合作历史

②网络合作联盟的类型

类型	适应条件	特点
稳定网络合作联盟	成熟行业，创新发生不频繁，竞争优势存续时间较长，顾客需求相对固定且可预测	a. 灵活聚散：实现更敏捷、更灵活的聚散。 b. 实现创新：通过资源的共享不断地探索新想法，实现产品与服务的创新
动态网络合作联盟	产品创新频繁、产品生命周期较短的行业	a. 保持领先：通过网络合作延伸自身的竞争优势，从而保证竞争优势的领先性。 b. 规模经济：通过实现规模经济或者范围经济，持续地在相对成熟的核心业务中创造价值，提升自己的经济效益，获得利润

③网络合作联盟的优势
- a. 不断形成更大的网络合作联盟，让更多成员企业共同实现联盟
- b. 分享更多资源，实现优势互补，增加了获得额外竞争优势的可能性
- c. 通过共享资源和能力，推动创新的产生
- d. 改变了原来只有物理集聚才能实现的资源与能力的共享，提高了额外获得资源与能力的可能性

④网络合作联盟的风险
- a. 企业可能会因为联盟的存在而仅仅局限于与现有合作者合作，而放弃与其他公司发展联盟的机会，为企业的资源共享和创新设置了障碍
- b. 联盟内部的负面事件和矛盾冲突也有可能给企业带来种种不利影响，甚至使联盟成为企业的负担，从而拖累公司的业绩与未来发展

稳定战略

实施原因
- (1) 主动原因：满足企业战略重组的需要
- (2) 被动原因
  - ①外部：宏观经济形势、产业周期、技术变化、政策变化等外部环境危机
  - ②内部：内部经营机制不顺、决策失误、管理不善等内部环境危机

- 收缩战略
  - 方式
    - (1) 紧缩与集中战略
      - ①机制变革
      - ②财政和财务战略
      - ③削减成本战略
    - (2) 转向战略
      - ①重新定位或调整现有的产品和服务
      - ②调整营销策略（在价格、促销、渠道等环节推出新的举措）
    - (3) 放弃战略
      - ①特许经营
      - ②分包
      - ③卖断
      - ④管理层杠杆收购
      - ⑤拆产为股 / 分拆
  - 退出障碍
    - (1) 固定资产的专用性程度
    - (2) 退出成本
    - (3) 内部战略联系
    - (4) 感情障碍
    - (5) 政府与社会约束

- 业务单位战略（竞争战略）
  - 基本竞争战略
    - 成本领先战略
      - (1) 优势 / 动因
        - ①形成进入障碍
        - ②增强讨价还价能力
        - ③降低替代品的威胁
        - ④保持领先的竞争地位
      - (2) 实施条件
        - ①市场情况
          - a. 产品具有较高的价格弹性，市场中存在大量的价格敏感用户
          - b. 购买者不太关注品牌
          - c. 转换成本较低
          - d. 产业中所有企业的产品都是标准化的产品，产品难以实现差异化
          - e. 价格竞争是市场竞争的主要手段
        - ②资源和能力
          - a. 选择适宜的交易组织形式
          - b. 降低各种要素成本
          - c. 资源集中配置
          - d. 在规模经济显著的产业中装备相应的生产设施来实现规模经济
          - e. 提高生产能力利用程度
          - f. 提高生产率
          - g. 改进产品工艺设计
      - (3) 风险
        - ①成本：技术的变化可能使过去用于降低成本的投资与积累的经验一笔勾销
        - ②竞争者：产业的新进入者或追随者通过模仿或者以更高技术水平设施的投资能力，达到同样甚至更低的产品成本
        - ③消费者：市场需求从注重价格转向注重产品的品牌形象，使得企业原有的优势变为劣势

战略选择

- 基本竞争战略
  - 差异化战略
    - (1) 优势 / 动因
      - ①形成进入障碍
      - ②增强讨价还价能力
      - ③抵御替代品威胁
      - ④降低顾客敏感程度
    - (2) 实施条件
      - ①市场情况
        - a. 顾客的需求是多样化的
        - b. 产品能够充分地实现差异化，且为顾客所认可
        - c. 企业所在产业技术变革较快，创新成为竞争的焦点
      - ②资源与能力
        - a. 有能够确保激励员工创造性的激励体制、管理体制和良好的创造性文化
        - b. 具有强大的研发能力和产品设计能力
        - c. 具有很强的市场营销能力
        - d. 具有从总体上提高某项经营业务的质量、树立产品形象、保持先进技术和建立完善分销渠道的能力
    - (3) 风险
      - ①成本：企业形成产品差别化的成本过高
      - ②消费者：市场需求发生变化
      - ③竞争者：竞争对手的模仿和进攻使已建立的差异缩小甚至转向
  - 集中化战略
    - (1) 优势 / 动因
      - ①能够抵御产业五种竞争力的威胁
      - ②可以增强相对的竞争优势
    - (2) 实施条件
      - ①市场情况
        - a. 消费者：购买者群体之间在需求上存在着差异
        - b. 市场：目标市场在市场容量、成长速度、获利能力、竞争强度等方面具有相对的吸引力
        - c. 竞争者：在目标市场上，没有其他竞争对手采用类似的战略
      - ②资源和能力 — 企业资源和能力有限，难以在整个产业实现成本领先或差异化，只能选定个别细分市场
    - (3) 风险
      - ①成本：狭小的目标市场导致的风险
      - ②竞争者：竞争对手的进入与竞争
      - ③消费者：购买者群体之间需求差异变小

业务单位战略（竞争战略）

- 战略钟——基本战略的综合分析

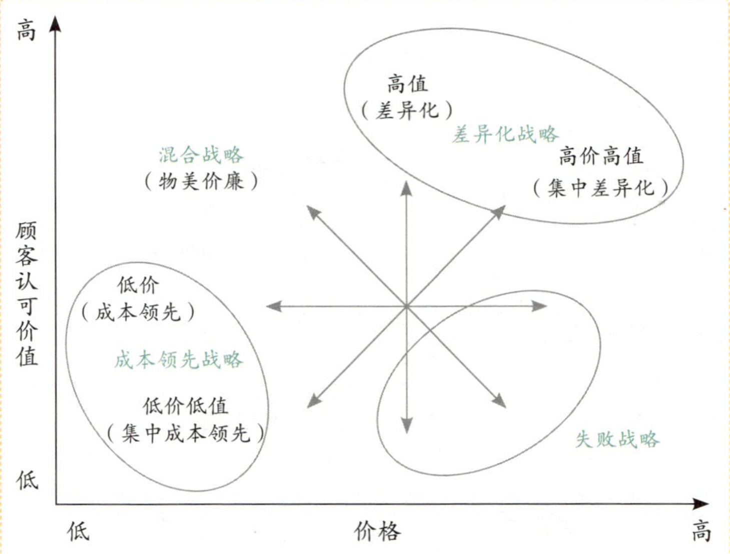

- 中小企业竞争战略
  - 零散产业
    - （1）产业零散的原因
      - ①进入障碍低或存在退出障碍
      - ②市场需求多样化导致高度产品差异化
      - ③不存在规模经济或难以达到经济规模
      - （①～③：产业本身的基础经济特性）
      - ④其他原因
        - a. 政府政策和地方法规对某些产业集中的限制
        - b. 新产业中还没有企业掌握足够的技能和能力以占据重要的市场份额
    - （2）战略选择
      - ①克服零散——获得成本优势
        - a. 连锁经营或特许经营
        - b. 技术创新以创造规模经济
        - c. 尽早发现产业趋势
      - ②增加附加值——提高产品差异化程度
      - ③专门化——目标集聚
        - a. 产品类型或产品细分的专门化
        - b. 顾客类型专门化
        - c. 地理区域专门化
    - （3）战略陷阱
      - ①避免寻求支配地位
      - ②保持严格的战略约束力
      - ③避免过分集权化
      - ④了解竞争者的战略目标与管理费用
      - ⑤避免对新产品做出过度反应

战略选择

业务单位战略（竞争战略）

中小企业竞争战略

- 新兴产业
  - （1）特征
    - ①技术的不确定性
    - ②战略的不确定性
    - ③成本的迅速变化
    - ④萌芽企业涌入和另立门户
    - ⑤首次购买者
  - （2）发展障碍
    - ①专有技术选择、获取与应用的困难
    - ②原材料、零部件、资金与其他供给的不足
    - ③顾客的困惑与等待观望
    - ④被替代品的反应
    - ⑤缺少承担风险的胆略与能力
  - （3）战略选择
    - ①塑造产业结构
    - ②正确对待产业发展的外在性
    - ③注意产业机会与障碍的转变，在产业发展变化中占据主动地位
    - ④选择适当的进入时机与领域

蓝海战略

- 关键性差异

红海战略	蓝海战略
在已经存在的市场内竞争	拓展非竞争性市场空间
参与竞争	规避竞争
争夺现有需求	创造并攫取新需求
遵循价值与成本互替定律	打破价值与成本互替定律
根据差异化或低成本的战略选择，把企业行为整合为一个体系	同时追求差异化和低成本，把企业行为整合为一个体系

- 制定原则和执行原则

类型	具体原则	降低的风险因素
制定原则	（1）重建市场边界	↓搜寻的风险
	（2）注重全局而非数字	↓规划的风险
	（3）超越现有需求	↓规模的风险
	（4）遵循合理的战略顺序	↓商业模式风险
执行原则	（1）克服关键组织障碍	↓组织的风险
	（2）将战略执行建成战略的一部分	↓管理的风险

- 重建市场边界的基本法则
  - （1）审视他择产业
  - （2）跨越战略群组
  - （3）放眼互补性产品或服务
  - （4）重设客户的功能性或情感性诉求

- (5) 重新界定产业的买方群体
- (6) 跨越时间，参与塑造外部潮流

- 商业模式
  - 商业模式画布
    - (1) 客户板块：客户细分、客户关系、渠道通路
    - (2) 供给板块：价值主张要素
    - (3) 基础设施板块：核心资源、关键业务、重要合作
    - (4) 财务板块：成本结构、收入来源
  - 商业模式创新四要素
    - (1) 价值主张
    - (2) 价值创造
    - (3) 价值获取
    - (4) 价值实现
  - 商业模式创新类型
    - (1) 平台商业模式
    - (2) 长尾商业模式
    - (3) 免费商业模式

职能战略

- 市场营销战略
  - 市场细分
    - (1) 消费者市场
      - ①地理因素 — 国家、地区、城市农村、地形气候、交通运输条件等
      - ②人口因素 — 年龄、性别、收入水平、职业、受教育程度、家庭规模、家庭生命周期阶段、社会阶层、宗教信仰、民族及国籍等
      - ③心理因素 — 个性、爱好、价值观念、生活方式、购买动机、追求的利益等
      - ④行为因素 — 消费者购买或使用某种产品的时机、消费者对某种产品的使用率、消费者进入市场的程度和消费者对品牌或企业的忠诚度等
    - (2) 产业市场
      - ①用户的行业类别
      - ②用户规模
      - ③用户的地理位置
      - ④用户购买行为 — 追求的利益、使用频率、品牌忠诚度、使用者地位、购买方式
  - 目标市场选择
    - (1) 无差异性营销策略 — 选择整个市场 + 考虑需求共性不考虑差异
    - (2) 差异性营销策略 — 选择两个或以上的细分市场 + 针对性地满足不同需求
    - (3) 集中性营销策略 — 选择单一或少数细分市场 + 提高子市场份额
  - 市场定位
    - (1) 避强定位
    - (2) 迎头定位
    - (3) 并存定位
    - (4) 取代定位
    - (5) 重新定位
    - (6) 领先定位

战略选择

- (1) 产品策略
  - ①产品组合策略
    - a. 相关概念
      - Ⅰ. 宽度：企业的产品组合中产品大类或产品线的数量
      - Ⅱ. 长度：所有产品大类中包含的产品项目总数
      - Ⅲ. 深度：所有产品项目中包含的花色、品种、规格的数量
      - Ⅳ. 关联度：产品大类在最终使用或目标市场、生产条件、分销渠道等方面相互关联的密切程度
    - b. 策略类型
      - Ⅰ. 扩大产品组合
      - Ⅱ. 缩减产品组合
      - Ⅲ. 产品延伸 — 向上延伸、向下延伸、双向延伸
  - ②品牌策略
    - a. 品牌归属策略
      - Ⅰ. 企业品牌、生产者品牌或自有品牌
      - Ⅱ. 中间商品牌
      - Ⅲ. 贴牌生产
    - b. 品牌统分策略
      - Ⅰ. 统一品牌
      - Ⅱ. 个别品牌
      - Ⅲ. 分类品牌
      - Ⅳ. 复合品牌
  - ③新产品开发策略
    - a. 新产品的类型
      - Ⅰ. 全新产品
      - Ⅱ. 替代产品
      - Ⅲ. 改进产品
      - Ⅳ. 模仿性新产品
    - b. 新产品开发成功的条件
      - Ⅰ. 具有独特性的优质产品
      - Ⅱ. 与顾客保持密切的沟通，深入了解他们真正的需求
      - Ⅲ. 采用开放式新产品开发模式
      - Ⅳ. 合理配置资源
- ①基本的定价方法
  - a. 成本导向定价法：最基本常用，包括成本加成定价法、目标利润定价法、固定报酬定价法、收支平衡定价法
  - b. 需求导向定价法：以市场需求强度及消费者感受为依据，包括感知价值定价法和反向定价法
  - c. 竞争导向定价法：以同类产品的市场竞争状况和竞争对手产品的价格为依据确定产品价格的方法，包括根据行业的平均价格或通行价格定价；以低于市场平均价格和主要竞争对手产品的价格水平定价；以高于市场平均价格和主要竞争对手产品的价格水平定价；通过拍卖投标定价

- 职能战略
  - 市场营销战略
    - 设计营销组合（4P）
      - （2）价格策略
        - ②主要定价策略
          - a. 心理定价策略：尾数定价、整数定价、声望定价、招徕定价
          - b. 产品组合定价策略：系列产品定价、副产品定价、关联产品定价、捆绑定价
          - c. 折扣与折让定价策略：现金折扣、数量折扣、功能折扣（或交易折扣）、季节折扣、折让
          - d. 差别定价策略：顾客差别定价、地点差别定价、时间差别定价、样式差别定价
        - ③新产品定价策略
          - a. 渗透定价策略（低价）
          - b. 撇脂定价策略（高价）
          - c. 温和定价策略（中间价）
          - d. 免费定价策略：限制使用免费、产品部分免费、捆绑式免费、完全免费
      - （3）分销策略
        - ①分销渠道结构
          - a. 渠道的长度
            - Ⅰ. 直接渠道
            - Ⅱ. 间接渠道
          - b. 渠道的宽度
            - Ⅰ. 独家分销
            - Ⅱ. 选择分销
            - Ⅲ. 密集分销
          - c. 渠道的广度 — 企业是采用单渠道、多渠道、跨渠道（如线上和线下的交叉）还是全渠道（包括实体商铺、网上商场、信息媒体）等策略进行产品分销
        - ②基于成员关系的渠道系统
          - a. 松散型渠道系统
          - b. 垂直渠道系统
          - c. 水平渠道系统
        - ③分销渠道的管理
          - a. 渠道成员的选择
          - b. 渠道成员的激励
          - c. 渠道成员的控制
          - d. 渠道冲突的管理
      - （4）促销策略
        - ①要素
          - a. 广告促销 — 企业以付费的方式，通过传统媒体及新兴媒体宣传产品
          - b. 营业推广 — 采用非媒体手段而进行的产品推广活动（以打折、抽奖、优惠、赠品、满减、团购）
          - c. 公关营销 — 包括媒体宣传、事件营销、口碑营销、公益事业和危机公关等
          - d. 人员推销 — 企业销售人员直接与潜在购买者进行面对面的交流
        - ②策略
          - a. 推式策略 — 通过销售人员和中间商推向消费者
          - b. 拉式策略 — 直接面向消费者
          - c. 推拉结合策略

战略选择

- 职能战略
  - 研究与开发战略
    - 研发的层次
      - (1) 基础性研究
      - (2) 应用型研究
      - (3) 开发型研究
    - 研发的类型
      - (1) 产品研发
      - (2) 技术研发
      - (3) 工艺研发
      - (4) 流程研究
    - 研发的流程
      - (1) 调研阶段（第一阶段，最为关键）
      - (2) 产品设计阶段
      - (3) 开发和测试阶段
      - (4) 产品制造和发布阶段
      - （(3)(4) 核心阶段之一）
      - (5) 维护和升级阶段
    - 研发的动力来源
      - (1) 市场需求
      - (2) 技术进步
      - (3) 市场竞争
      - (4) 法规政策
      - (5) 创新文化
      - (6) 社会责任
    - 研发的模式
      - (1) 自主研发
      - (2) 合作研发
      - (3) 委托研发
      - (4) 开放研发
    - 研发的战略作用
      - (1) 基本竞争战略
        - ①产品差异化：技术创新和产品创新
        - ②成本领先或差异化战略：流程创新和工艺创新
      - (2) 价值链：研发被纳入价值链的支持性活动
      - (3) 安索夫矩阵
        - ①实现市场渗透或市场开发：通过产品成本的降低和产品的改进、创新
        - ②实现产品开发或多元化：通过产品创新
      - (4) 产品生命周期：产品研发会加速现有产品的衰退，并催生新一代产品以替代现有产品
    - 研发定位
      - (1) 成为向市场推出新技术产品的企业
      - (2) 成为成功产品的创新模仿者
      - (3) 成为成功产品的低成本生产者
      - (4) 成为成功产品低成本生产者的模仿者

生产运营战略

- 涉及的主要因素
  - (1) 批量：生产批量
  - (2) 种类：产品种类
  - (3) 需求变动
  - (4) 可见性：流程可见性
- 内容
  - (1) 产品（服务）的选择
  - (2) 自制或外购选择
  - (3) 生产运营方式与供应链的选择 变

生产运营方式	供应链模式	适用的产品	目标
品种少、产量高、可预见的市场环境	高效供应链	共性产品，如紧固件、轴承、方便面、饮料等	降低“实物成本”（增加利润）
品种多、产量低、难以预见的环境	敏捷供应链	个性产品，如专用设备、太阳镜等	降低“市场协调成本”（高效运作）

  - (4) 配送网络的选择
    - ①制造商存货加直送（厂家直送）
    - ②制造商存货、直送加在途并货（厂家直送——不同地点订单合并）
    - ③分销商存货加承运人交付（淘宝模式）
    - ④分销商存货加到户交付（京东模式）
    - ⑤制造商或分销商存货加顾客自提（社区团购模式）
    - ⑥零售商存货加顾客自提（普通超市模式）
- 竞争重点（TQCF）
  - (1) 交货期（Time）— 快速交货和按约交货
  - (2) 质量（Quality）— 产品质量和生产过程的质量
  - (3) 成本（Cost）— 生产成本、制造成本、流通成本、使用成本
  - (4) 制造柔性（Flexibility）— 面临市场机遇时在组织和生产上快速而又低成本地适应市场需求
- 产能计划
  - (1) 类型
    - ①领先策略：产能＞需求
    - ②匹配策略：产能＝需求
    - ③滞后策略：产能＜需求
  - (2) 平衡产能与需求的方法
    - ①库存生产式生产：采购→生产→接单
    - ②资源订单式生产：接单→采购→生产
    - ③订单生产式生产：采购→接单→生产

战略选择

职能战略

采购战略

货源策略

类型	优点	缺点
少数或单一货源的策略	(1) 与供应商建立稳固的关系； (2) 有利于企业信息保密； (3) 产生规模经济，享受价格优惠； (4) 获得高质量的供应品	(1) 若无其他供应商，则单一供应商的议价能力就会增强； (2) 易遭受供应中断的风险
多货源少批量策略	(1) 保证稳定的供应； (2) 获得更多的知识和技术； (3) 采购方的议价能力增强	(1) 与供应商的联系不够稳固，信任程度较低； (2) 不利于产生规模经济，不能享受价格优惠； (3) 不利于获得质量和性能不断提高改进的供应品
平衡货源策略	寻求均衡点，同时具有少数货源及多货源的优点	

交易策略

类型	内涵	降成本	做创新	追求长期利益	追求短期利益
市场交易策略	与供应商签订买卖合同	√			√
短期合作策略	与供应商采取短期合作		√		√
功能性联盟策略	与供应商订立协议结成联盟	√		√	
创新性联盟策略	为了产品创新并取得长期竞争优势而与供应商结成联盟		√	√	

采购模式

(1) 传统采购模式 — 企业采购部门在每个月末或者每个季末，根据库存情况制定下个月或下个季的采购计划
(2) MRP 采购模式 — 企业以生产为导向，根据生产计划计算需要购买的数量及进货时间
(3) JIT 采购模式（准时化采购） — 供应商把适当数量、适当质量的物品在适当的时间送达适当的地点
(4) VMI 采购模式 — 由供应商管理企业库存，确定最佳库存量，制定并执行库存补充措施
(5) 数字化采购模式 — 通过人工智能、物联网、云端协同等技术，实现对采购全流程的智慧管理

人力资源战略

人力资源获取

招募渠道	优势	劣势
内部招募	(1) 提高员工的士气和发展期望； (2) 对组织比较熟悉，能够迅速展开工作； (3) 对企业目标有认同感，辞职可能性小，有利于长期发展； (4) 风险小，可靠性较高； (5) 节约时间和成本	(1) 易引起同事间的过度竞争； (2) 易降低士气； (3) 难以建立起领导声望； (4) 缺乏创新和活力
外部招募	(1) 给企业带来活力； (2) 避免内部竞争造成的紧张氛围； (3) 给企业内部人员以压力，激发其工作动力； (4) 选择范围较广，可招聘到优秀人才	(1) 影响内部人员工作热情； (2) 外部人员对企业情况不了解，需要较长时间适应； (3) 对外部人员不够了解，可靠性较差； (4) 外部人员不一定认同企业价值观和企业文化，影响企业稳定

财务战略

与竞争战略的关系

绩效计划工具主要有：关键绩效指标法（KPI）、平衡计分卡（BSC）、目标管理法、360 度评估法

战略类型	获取	培训	绩效	薪酬（变）
成本领先战略	外部 + 重技能 + 人力资源部 + 简历和面试	企业大学或定期培训（内训）	结果导向 + 评估范围窄	对外公平 + 岗位或年资 + 基本薪酬 + 滞后型 + 集权决策
差异化战略	内部 + 重文化契合 + 业务部门 + 多重方法	外部机构培训（外训）	结果和行为导向 + 评估范围广	对内公平 + 能力或绩效 + 可变薪酬 + 领先型 / 混合型 + 分权决策
集中化战略	结合 + 结合 + 结合 + 心理测试	结合	结合	对内公平 + 能力与绩效 + 结合 + 结合 + 结合

融资方式

融资方式	优点	缺点
内部融资	直接由管理层进行决策，节约融资成本	内部融资无法为并购等提供充足的资金来源；对于陷入财务危机的企业，资金压力大
股权融资	资金量需求较大时优势明显，无须支付本金和利息	容易导致恶意收购丧失控制权，融资成本较高
债权融资	与股权融资相比，融资成本较低、速度较快、方式较隐蔽；租赁能够节约为购买运输工具进行融资的成本、获得更多税收优惠、增加资本回报率	还款压力增加了企业的经营风险；使用租赁资产的权利有限
资产销售融资	简单易行，并且不用稀释股东权益	比较激进，如果销售的时机选择不准，销售的价值就会低于资产本身的价值

股利政策

（1）固定股利政策：股利额固定或稳定增长

（2）固定股利支付率政策：股利支付率保持不变

（3）零股利政策：不分配股利

（4）剩余股利政策：满足投资项目需求后的剩余盈余用于支付股利

产品生命周期不同发展阶段的经营特征

分析角度	产品生命周期阶段			
	导入期	成长期	成熟期	衰退期
经营风险	非常高	高	中等	低
财务风险	非常低	低	中等	高
资本结构	股东权益	主要是股东权益	股东权益 + 债务	股东权益 + 债务
资金来源（筹资战略）	风险资本	权益投资增加	保留盈余 + 债务	债务
股利（分配战略）	不分配	分配率很低	分配率高	全部分配

战略选择

职能战略

财务战略

产品生命周期不同发展阶段的经营特征

续表

分析角度	产品生命周期阶段			
	导入期	成长期	成熟期	衰退期
市盈率 变	非常高	高	中	低
股价	迅速增长	增长并波动	稳定	下降并波动
总体财务战略	低财务风险战略		中等财务风险战略	

财务战略矩阵

投资资本回报率－资本成本>0（$V>0$）

投资资本回报率－资本成本<0（$V<0$）

销售增长率－可持续增长率>0（$CF<0$）

销售增长率－可持续增长率<0（$CF>0$）

（1）增值型现金短缺

创造价值，现金短缺（$V>0$，$CF<0$）。

①如果高速增长是长期的，资金问题解决途径：

a.提高可持续增长率，包括提高经营效率，这是应对现金短缺的首选战略，使之向销售增长率靠拢；

b.增加权益资本（增发股份、兼并现金牛企业），提供增长所需的资金。

②如果高速增长是暂时的，资金问题解决途径：改变财务政策，如停止支付股利、增加借款比例。

（2）增值型现金剩余

创造价值，现金剩余（$V>0$，$CF>0$）。

核心看有无好的投资项目：

①有：利用剩余现金加速增长，包括内部投资、收购相关业务。

②无：分配现金剩余，包括增加股利支付、回购股份。

（3）减损型现金剩余

减损价值，现金剩余（$V<0$，$CF>0$）。

核心看能否提高投资资本回报率，降低资本成本：

①能：提高投资资本回报率（↑）、降低资本成本（↓）。

②否：出售业务单元。

（4）减损型现金短缺

减损价值，现金短缺（$V<0$，$CF<0$）。

①彻底重组。

②出售。

国际化经营战略

- 企业国际化经营动因
  - (1) 寻求市场 — 市场机会（“销售大涨”“订单增多”“开拓新的区域”）
  - (2) 寻求效率 — 较先进的发展中国家（劳动力成本较高）→次先进的发展中国家（“成本”）
  - (3) 寻求资源 — 资源短缺的发展中国家→资源丰富的发展中国家（“自然资源”“原材料供给”）
  - (4) 寻求现成资产 — 发展中国家→发达国家（“管理经验”“品牌”“先进技术”）
- 国际化经营的主要方式
  - (1) 出口贸易
    - ①目标市场选择
      - a. 传统方式（连续方式）
        - Ⅰ. 高新技术产品：
          - · 发展中国家→类似发展中国家→发达国家
          - · 发达国家→类似发达国家→发展中国家
        - Ⅱ. 初级产品和劳动密集型低端产品：
          - · 发展中国家（例：矿石初加工）→发达国家（例：矿石深加工）
      - b. 新型方式（不连续方式）— 高新技术产品：发达国家（特别是美国）→发展中国家
    - ②定价策略
      - a. 定价偏高，以期获得大于国内市场的收益
      - b. 制定使海外市场与国内市场收益水平接近的价格
      - c. 在短期内定价较低，即使收益偏低甚至亏损也在所不惜。把海外市场看成有发展前途的市场（渗透定价法）
      - d. 只要在抵消变动成本之后还能增加利润，就按能把超过国内市场需求量的产品销售出去的价格定价，把海外市场看成解决过剩生产能力的倾销场所（变动成本 + 利润）
  - (2) 对外直接投资
    - ①独资经营（全资子公司）
      - a. 优点：强控制、易协调
      - b. 缺点：投资大、支持少
    - ②合资经营
      - a. 动因
        - Ⅰ. 加强现有业务（现有产品 + 现有市场）
        - Ⅱ. 将现有产品打入国外市场（现有产品 + 新市场）
        - Ⅲ. 将国外产品引入国内市场（新产品 + 现有市场）
        - Ⅳ. 经营一种新业务（新产品 + 新市场）
      - b. 优点：投资少、支持多
      - c. 缺点：难协调
  - (3) 非股权形式 — 合约制造、服务外包、订单农业、特许经营、许可经营、管理合约

笔记区

战略选择

国际化经营战略

全球价值链中的企业国际化经营

（1）角色定位

- ①领先企业：处于主导地位的核心企业（垄断优势），拥有技术、营销渠道优势
- ②一级供应商：从属于领先企业，不具备技术和营销渠道优势，仅做生产、组装、物流等外围管理工作
- ③其他层级供应商：从属于一级供应商，从事非核心活动，如简单组装、OEM
- ④合同制造商：不依赖于领先企业、技术专家，可独立完成产品部分结构的生产，如 ODM

（2）五种分工模式对比

对比项目	分工模式				
	市场交易	对外直接投资	非股权形式		
	市场型	科层型	模块型	关联型	俘获型
产品特征	标准化产品、产品结构简单	产品结构复杂，但价值很高	产品结构复杂，但可模块化、标准化	产品结构复杂，需双方沟通解码	产品结构复杂，但不想自己做
交易模式	直接买	让“儿子”做	找“专家”做	找“亲朋”做	找“小弟”做
协作基础	合约关系	雇佣关系	能力互补	家族关系、空间距离等	市场势力
交易基础	价格	公司规章	网络关系	网络关系	网络关系
组织氛围	彼此独立、互不信任	从属关系、依附上级	分工明确、专业交流	相互依赖、交流密切	大企业强势、小企业依赖

（3）发展中国家企业升级类型

- ①工艺升级：增强生产效率，例如提升 OEM（委托加工）效率
- ②产品升级：增强产品附加值，例如提供更高品质的产品或服务
- ③功能升级：增强环节附加值，例如从 OEM 到 ODM（初级设计制造商）；从生产制造设计、营销
- ④价值链升级：转换价值链，例如从 OEM 到 ODM 到 OBM（自有品牌制造商）；从汽车零部件供应商到整车制造产业

国际化经营的战略类型

全球协作程度	低 → 本土独立性和适应能力 → 高	
高	全球化战略：全世界销售标准化产品+在有利国家/地区开展不同的生产经营活动（多地经营）。	跨国战略：兼具全球化战略和多国本土化战略的特点，公司间关系是双向的。
低	国际战略：母国：产品开发职能+控制决策权。东道国：制造和营销职能。	多国本土化战略：满足当地市场需求。

新兴市场的企业战略

产业的全球化程度	适合于本国市场	可以向海外移植
高	**"躲闪者"** 通过转向新业务或缝隙市场避开竞争。 ①"A+B"：与跨国竞争对手建立合资、合作企业。 ②"A→B"：将企业出售给跨国公司。 ③"A→新A"：重新定义自己的核心业务，避开与跨国公司的直接竞争。 ④"A→A1"：根据自身的本土优势专注于细分市场，将业务重心转向价值链中的某些环节。 ⑤"A→a"：生产与跨国公司产品互补的产品，或者将其改造为适合本国人口味的产品。	**"抗衡者"** 通过全球竞争发动进攻。 ①不要拘泥于在成本上竞争，而应该比照行业中的领先公司来衡量自己的实力。 ②学习从发达国家获取资源，以克服自身技能不足和资本的匮乏。 ③找到一个定位明确又易于防守的市场。 ④在一个全球化的产业中找到一个合适的突破口。
低	**"防御者"** 利用国内市场的优势防卫。 ①服务本国：把目光集中于喜欢本国产品的客户，而不考虑那些崇尚国际品牌的客户。 ②调整产品：频繁调整产品和服务，以适应客户特别的甚至独一无二的需求。 ③强化渠道：加强分销网络的建设和管理，缓解国外竞争对手的竞争压力。	**"扩张者"** 将企业的经验转移到周边市场。 合理运用可移植的优势资源，并以其在本地市场的成功为平台，向其他市场扩张。

新兴市场本土企业优势来源

笔记区

战略实施

公司战略与组织结构

纵向分工结构

- （1）类型
  - ①高长型（官僚式、机械式、集权式）——控制强、反应慢
  - ②扁平型（有机式、分权式）——控制弱、反应快
- （2）内部管理问题
  - ①集权（本质为高长型）
    - a. 优点
      - Ⅰ. 易于协调各职能间的决策
      - Ⅱ. 易于对上下沟通的形式进行规范
      - Ⅲ. 能与企业的目标达成一致
      - Ⅳ. 危急情况下能够做出快速决策（集权模式下的日常决策较慢）
      - Ⅴ. 有助于实现规模经济
      - Ⅵ. 适用于由外部机构实施密切监控的企业，因为所有的决策都能得以协调
    - b. 缺点
      - Ⅰ. 高级管理层可能不会重视个别部门的要求
      - Ⅱ. 决策时间过长
      - Ⅲ. 对级别较低的管理者职业发展有限
  - ②分权（本质为扁平型）
    - a. 减少了信息沟通的障碍
    - b. 提高了企业反应能力
    - c. 能够为决策提供更多的信息并对员工产生激励效应

横向分工结构

- （1）创业型
  - ①适用范围：小型企业
  - ②优点：所有者或管理者可对若干下属实施直接控制
  - ③缺点：弹性较小并缺乏专业分工，其成功主要依赖于该中心人员的个人能力
- （2）职能制
  - ①图例

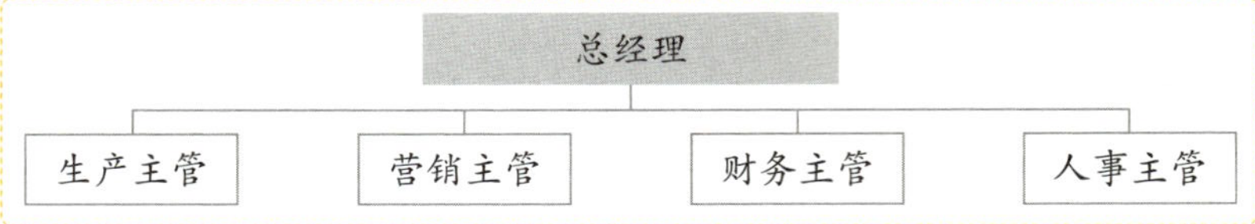

  - ②特征
    - a. 职权和责任分派给专门单元的管理者
    - b. 不同的部门有不同的业务职能
    - c. 各部门间相互独立，又相互作用和影响
  - ③适用范围：单一业务企业
  - ④优点
    - a. 能够通过集中单一部门内所有某一类型的活动来实现规模经济
    - b. 有利于培养职能专家
    - c. 有利于提高工作效率
    - d. 有利于董事会进行部门监控

⑤缺点
- a. 对战略的重要流程进行了过度细分，可能导致职能协调问题
- b. 难以确定各项产品盈亏
- c. 职能间的冲突和各自为政
- d. 集权化的决策制定机制会放慢反应速度

(3) 事业部制

①区域事业部制

a. 图例

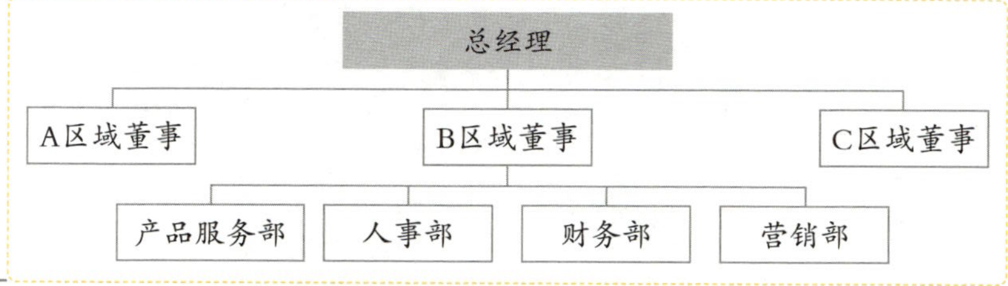

b. 特征：按照特定的地理位置来对企业的活动和人员进行分类

c. 适用范围：在不同地理区域开展业务的企业

d. 优点
- Ⅰ. 能够实现更好更快的地区决策
- Ⅱ. 有利于削减成本费用（如差旅费）
- Ⅲ. 有利于海外经营企业应对各种环境变化

e. 缺点
- Ⅰ. 管理成本的重复
- Ⅱ. 难以处理跨区域的大客户的事务

②产品 / 品牌事业部制

a. 图例

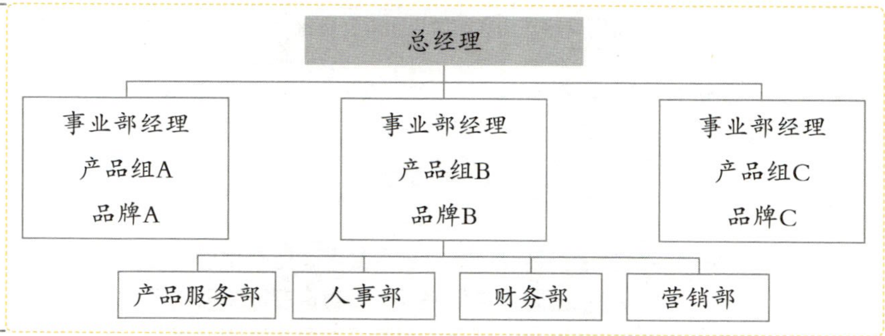

b. 特征：以产品的种类或品牌为基础设立若干产品部

c. 适用范围：具有若干生产线的企业

战略实施

公司战略与组织结构

横向分工结构

- （3）事业部制
  - ②产品 / 品牌事业部制
    - d. 优点
      - Ⅰ. 生产与销售产品的不同职能活动可以通过事业部经理来协调
      - Ⅱ. 更具灵活性，有助于企业实施产品差异化
      - Ⅲ. 易于出售或关闭经营不善的事业部
      - Ⅳ. 各事业部可以集中精力于自身负责的产品的经营
    - e. 缺点
      - Ⅰ. 各事业部会为了争夺有限资源而产生冲突
      - Ⅱ. 各事业部间会存在管理成本重叠和浪费
      - Ⅲ. 若产品事业部数量较多，则各事业部间难以协调
      - Ⅳ. 若产品事业部数量较多，则事业部经理容易缺乏整体观念
  - ③客户细分或市场细分事业部制
    - a. 图例

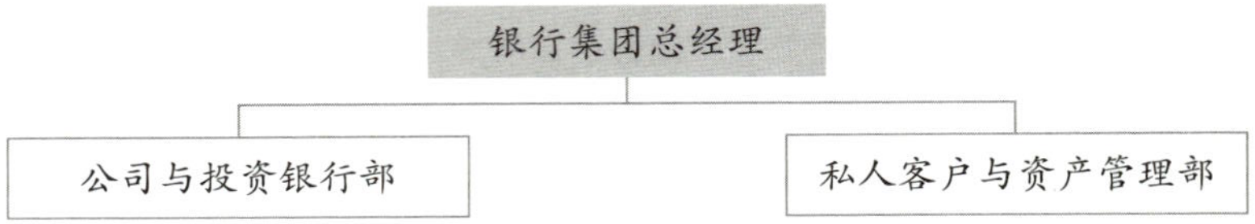

某银行集团市场细分事业部制结构

    - b. 通常与销售部门和销售工作相关（如企业客户、零售客户或个人客户等）
- （4）M 型
  - ①图例

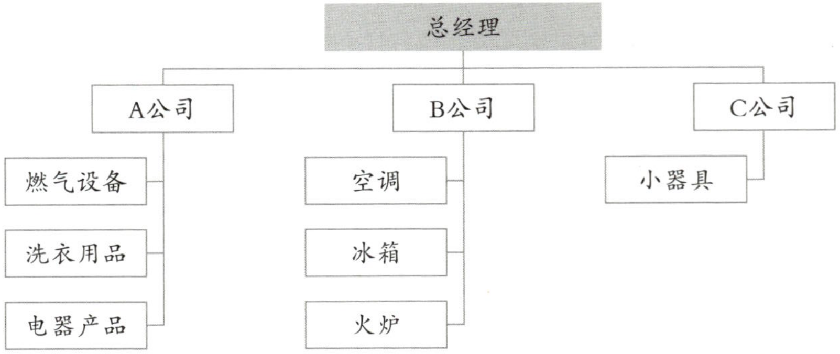

  - ②特征
    - a. 原来的事业部一般由拥有更大经营权的公司代替
    - b. 每个公司比以前的事业部负责更多的产品线
    - c. 有的公司下设若干事业部分别管理不同的产品生产线
  - ③适用范围：具有多个产品线的企业
  - ④优点
    - a. 有利于企业持续成长
    - b. 有利于总经理分析各个公司的经营情况并进行资源配置
    - c. 有利于调动各层管理者的积极性
    - d. 能够使用诸如资本回报率等指标对各个公司的绩效进行财务评估和比较

⑤缺点
- a. 管理成本在事业部间的分配比较困难
- b. 各事业部会为了争夺有限资源而产生摩擦
- c. 事业部间因确定产品转移价格而产生冲突

（5）战略业务单位（SBU）

①图例

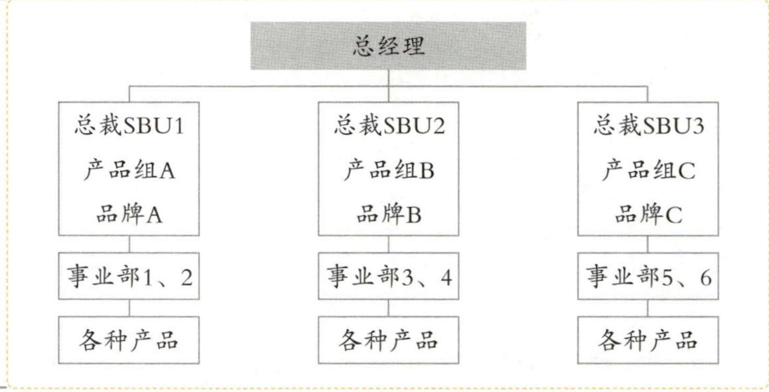

②特征：相关产品线归类为事业部，并将事业部归类为战略业务单位

③适用范围：规模较大的多元化经营企业

④优点
- a. 降低了总部的控制跨度
- b. 减轻了总部的信息过度
- c. 促进了事业部间的协调
- d. 无须在各战略业务单位间分摊管理成本，因而易于监控每个战略业务单位的绩效

⑤缺点
- a. 总部与事业部和产品层的关系变得更疏远
- b. 战略业务单位经理为争夺企业资源引发竞争和摩擦，影响企业总体绩效

（6）矩阵制

①图例

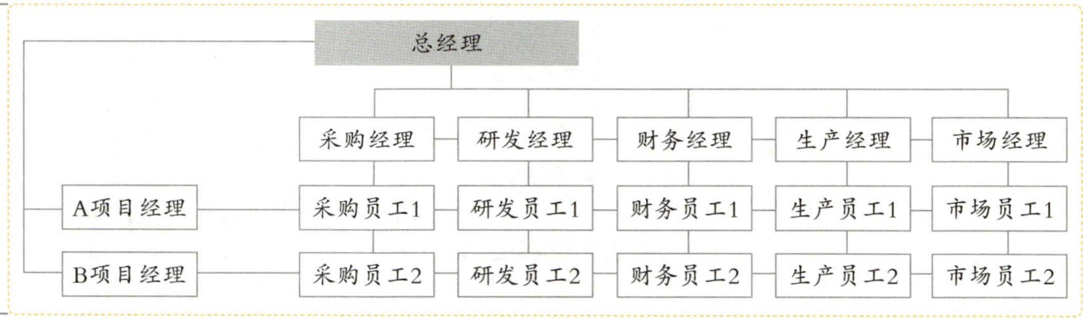

②特征：员工拥有两个直接上级，一名上级负责产品或服务，另一名上级负责职能活动

③适用范围：需处理非常复杂的项目控制问题的企业

战略实施

公司战略与组织结构

横向分工结构

(6) 矩阵制

④优点
- a. 项目经理有更高的产品战略参与度，激发其成功动力
- b. 能够有效地优先考虑关键项目，加强了对产品和市场的关注
- c. 项目组与产品主管和职能主管间联系更直接，提高了决策质量
- d. 实现了各部门间的协作以及各项技能和专门技术相互交融
- e. 双重权力使得职能专家不只关注自身的业务范围

⑤缺点
- a. 可能导致权力划分不清晰，并产生职能工作和项目工作冲突
- b. 双重权力容易使管理者间产生冲突
- c. 管理层可能难以接受双重权力结构，会产生危机感
- d. 时间和财务成本增加，导致决策时间过长

(7) H 型（控股企业 / 控股集团）

①图例

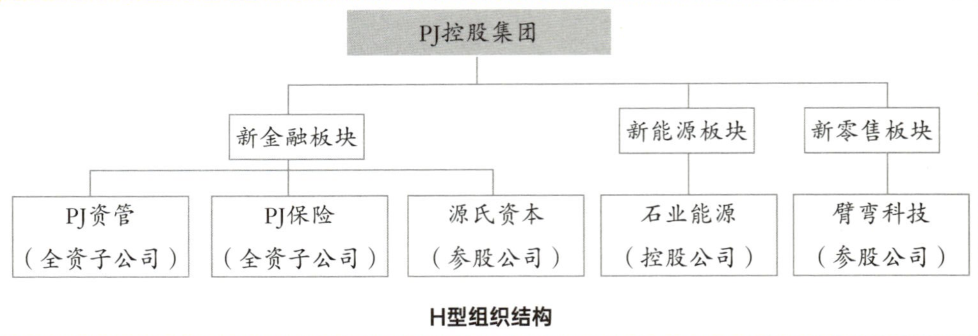

H型组织结构

②特征
- a. 业务单元的自主性较强
- b. 业务单元自负盈亏且可从母企业取得较便宜投资成本及可能的节税收益
- c. 控股企业的员工和服务非常有限，企业中央管理费较低
- d. 控股企业可将风险分散到多个企业中，容易撤销对个别企业的投资

(8) 国际化经营企业的组织结构

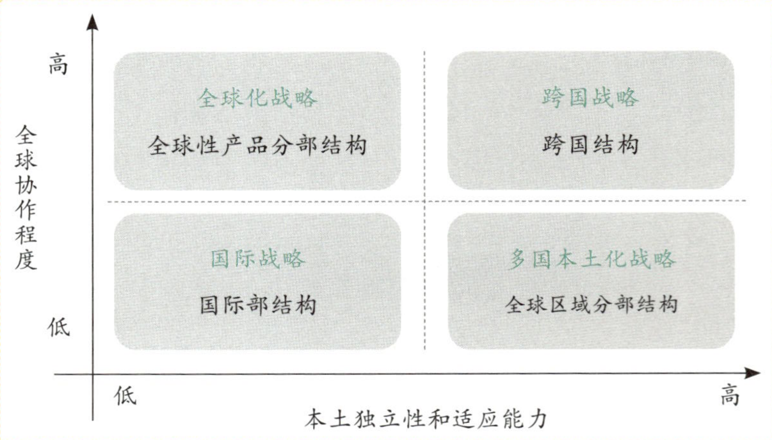

- (9) 基本协调机制（整合）
  - ①相互适应，自行调整
  - ②直接指挥，直接控制
  - ③工作过程标准化
  - ④工作成果标准化
  - ⑤技艺（知识）标准化
  - ⑥共同价值观

组织结构与战略的关系

- (1) 战略的前导性与组织结构的滞后性
- (2) 企业发展阶段与结构
  - ①市场渗透战略（数量扩大）→创业型
  - ②市场开发战略（地域扩散）→职能制
  - ③纵向一体化战略（市场整合）→事业部制
  - ④多元化经营战略（多元经营）→ SBU、矩阵制、H 型

组织的战略类型

- (1) 防御型
  - ①特征
    - a. 创造稳定的经营领域（现有产品、现有市场）
    - b. 竞争性定价或高质量产品
    - c. 提高技术效率
    - d. “机械式”结构机制，由生产与成本控制专家形成高层管理
  - ②风险：不可能对市场环境做重大的改变
- (2) 开拓型
  - ①特征
    - a. 追求一种更为动态的环境（新产品、新市场）
    - b. “有机的”机制，由市场、研究开发方面的专家组成高层管理
  - ②风险：缺乏效率性，很难获得最大利润
- (3) 分析型
  - ①特征
    - a. 寻求新产品和市场同时保持传统产品和市场（现有产品和市场 + 新产品和市场）
    - b. 技术的灵活性与稳定性相平衡，形成双重技术核心
    - c. 矩阵结构
  - ②风险：限制了组织的应变能力，既无效能又无效率
- (4) 反应型
  - ①特征
    - a. 对其外部环境的反应上采取一种动荡不定的调整模式
    - b. 缺少在变化的环境中随机应变的机制
    - c. 永远处于不稳定的状态
  - ②适用条件：下策战略，经营垄断或被高度操纵的产业才可采用

战略实施

公司战略与企业文化

企业文化的类型

- (1) 权力导向型：绝对控制、中心权力——初创、家族企业
- (2) 角色导向型：理性逻辑、规章制度、权力上层——国企、政府机构
- (3) 任务导向型：解决问题、实现目标、矩阵式（项目团队）、专长——新兴企业、高科技企业
- (4) 人员导向型：企业是员工的下属——俱乐部、协会、专业团体和小型咨询公司

文化与绩效

- (1) 企业文化创造价值的途径
  - ①简化了信息处理
  - ②补充了正式控制
  - ③促进合作并减少讨价还价成本
- (2) 企业文化维持竞争优势的条件
  - ①必须为企业创造价值
  - ②必须是企业所特有
  - ③必须很难被模仿

战略稳定性与文化适应性

组织要素包括：
组织结构
业务范围
生产作业程序

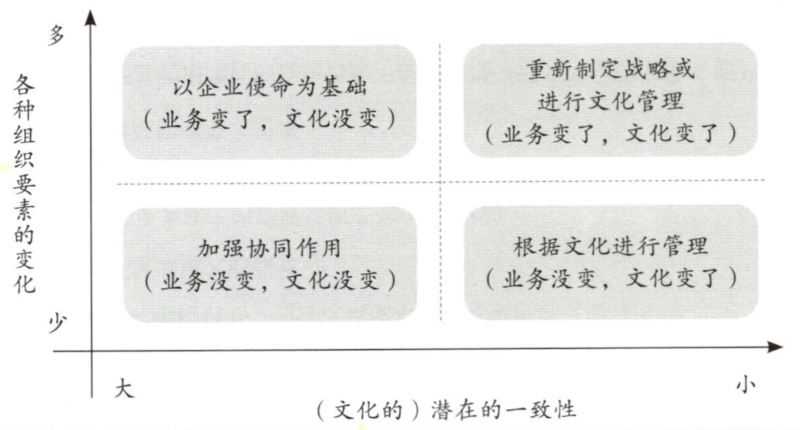

象限记忆口诀：
小小文化，大大使命

文化包括：
制度变革、企业使命、行为准则、服务理念

战略失效与战略控制

- (1) 战略失效类型
  - ①早期失效：战略实施初期"跑偏"
  - ②偶然失效：战略实施过程中"意外"
  - ③晚期失效：战略实施一段时间后"越跑越偏"
- (2) 战略控制与预算控制对比

战略控制	预算控制
期间较长，几年到十几年以上	通常为一年以下
定性 + 定量	定量
内部 + 外部	内部
不断纠正行为	预算期结束后进行纠正

战略控制

战略控制方法

(1) 预算

对比项目	增量预算	零基预算
编制工作量	少	大
对经营稳定性的影响	提供稳定基础	强调眼前，追求短期利益
是否易导致冲突	否	是
是否更合理、更贴近实际	否	是（合理分配资金、科学透明）
是否鼓励创新	否	是
是否鼓励降本	否（鼓励用光）	是（增强成本效益意识）

(2) 企业业绩衡量

对比项目	财务指标	非财务指标
优点	①通过比较不同时期的比率可以很容易地发现它们的变动。 ②相对于实物数量或货币的绝对数值，比率对企业业绩的衡量更为适合。 ③比率适合用作业绩目标。 ④比率提供了总结企业业绩和经营成果的工具、方法，并可在同类企业之间进行比较	①能够反映和监控非财务方面的经营业绩。 ②通常比使用财务衡量指标提供企业业绩信息更为及时。 ③容易被非财务管理人员理解并使用。 ④有利于激励企业高管关注财务因素之外的因素（甚至是决定企业成败的战略因素）。 ⑤一些衡量企业长期业绩的非财务指标有利于避免短期行为。 ⑥往往需要同时采用定性和定量分析、衡量，因此更能反映企业业绩的真实情况。 ⑦激励、控制的人员范围较广，覆盖了对财务结果无任何责任的人员
局限性	①信息获取存在困难。 ②信息的使用存在局限性。 ③比率在各个行业的理想标准不同，而且理想标准也并非一成不变。 ④比率有时不能准确反映真实情况。 ⑤比率有时体现的是被扭曲的结果。 ⑥可能鼓励短期行为。 ⑦忽略其他战略要素。 ⑧激励、控制的人员范围有限	①不能使用统一的比率标准，不易发现业绩变化或进行业绩比较。 ②指标通常产生于各个经营部门并被它们分别使用，不能作为所有部门的共同业绩目标。 ③难以避免外部环境中某些因素的变化，造成不能客观、真实地衡量和反映企业业绩

ESG绩效衡量——评价体系	ESG 评价原则	ESG 评价指标体系	ESG 评价方法
内容	①客观性。 ②独立性。 ③一致性。 ④适宜性	①环境维度。 ②社会维度。 ③治理维度	①收集信息数据。 ②筛选指标。 ③确定指标权重。 ④综合评分及评价等级

战略实施

战略控制

战略控制方法

(3) 平衡计分卡

①主要指标

财务角度
- 营业收入
- 销售增长率（可纳入顾客指标）
- 利润增长率
- 资产回报率、股东回报率
- 现金流量
- 经济增加值

创新与学习角度
- 研发费用占销售额的比例
- 新产品销售额占总销售额的比例
- 专利等级和数量
- 数字化技术采用率
- 员工流动率
- 员工培训费用及次数
- 员工满意度

顾客角度
- 顾客满意度
- 顾客投诉率
- 投诉解决率
- 准时交货率
- 市场份额
- 客户保留率、新客户开发率
- 客户收益率

内部流程角度
- 数字化信息系统覆盖率（可纳入创新与学习指标）
- 计划准确率、设备利用率
- 订单准时交付率
- 采购成本和周期、项目进度及完成率
- 废物减排及利用率、安全事故率
- 接待客户的时间和次数
- 对客户诉求的反应时间
- 员工建议采纳率、员工收入

②五个平衡

a. 财务指标和非财务指标的平衡
b. 企业长期目标（如创新与学习指标的内容）和短期目标（如财务指标的内容）的平衡
c. 结果性指标（如财务指标的内容）与动因性指标（如内部流程指标、创新与学习指标的内容）之间的平衡
d. 企业内部利益相关者（员工）与外部利益相关者（股东、客户）的平衡
e. 领先指标即预期性指标与滞后指标即结果性指标之间的平衡

(4) 统计分析与专题报告

公司战略与数字化技术

- 数字化技术
  - （1）发展历程

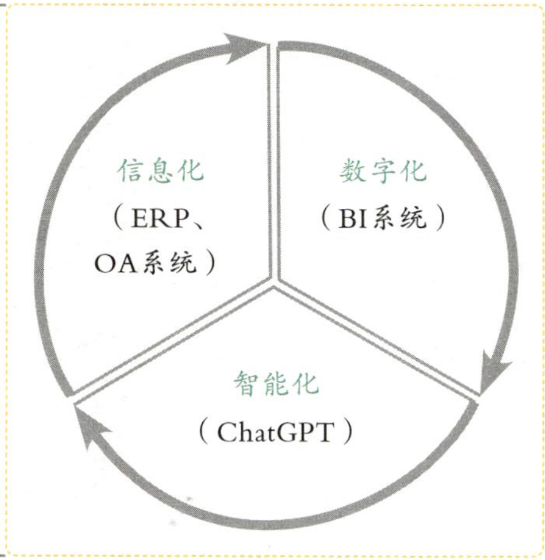

  - （2）应用领域

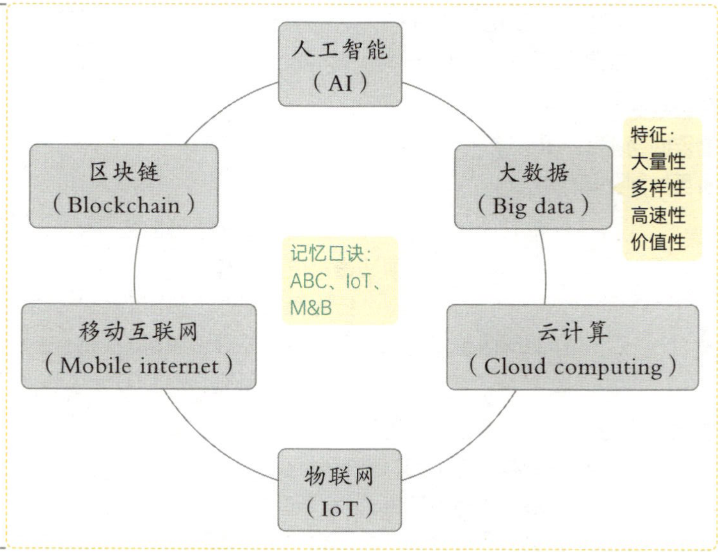

- 数字化技术对公司战略的影响
  - （1）对组织结构的影响
    - ①组织结构向平台化转型
    - ②构建传统与数字的融合结构
    - ③以新型组织结构为主要形式
      - a. 团队结构：以团队作为协调组织活动
      - b. 虚拟组织：组织扁平化在企业之间的形式

战略实施

公司战略与数字化技术

- 数字化技术对公司战略的影响
  - （2）对经营模式的影响
    - ①互联网思维的影响 — 依托数字化技术，构建了 ××× 或形成了 ×××，或以更好的产品和服务满足消费者的个性化需求
    - ②多元化经营的影响 — 依托信息技术，实现全渠道布局（或 O2O）、上下游整合、合作伙伴共赢等
    - ③消费者参与的影响 — 消费者参与企业的运作过程中，企业能与消费者互动，了解真实的市场需求
  - （3）对产品和服务的影响
    - ①个性化 — 通过提取消费者的偏好信息，发现消费者隐性需求和个性化需求
    - ②智能化 — 通过电子元器件抓取数据并进行分析，为消费者提供更智能化的产品
    - ③连接性 — 万物互联，创造更多商业机会
    - ④生态化 — 低碳化发展，提高效率、节约资源、降低能耗
  - （4）对业务流程的影响（变）
    - ①促进了业务流程重组
    - ②提高了企业信息和知识存储、传播的能力
    - ③促进了业务流程创新
    - ④增强了数据驱动决策的能力
    - ⑤加强了沟通与协作
- （1）主要方面
  - ①技术变革
    - a. 数字化基础设施建设
      - Ⅰ. 主干网与互联网接口带宽
      - Ⅱ. 主干网网络覆盖率
      - Ⅲ. 数据安全措施应用率
    - b. 数字化研发
      - Ⅰ. 新产品产值率
      - Ⅱ. R&D 投入强度
      - Ⅲ. 员工人均专利数
    - c. 数字化投入
      - Ⅰ. 数字化投入占比
      - Ⅱ. 数字化设备投入占比
      - Ⅲ. 数字化运维投入占比
      - Ⅳ. 数据安全投入占比
  - ②组织变革
    - a. 组织架构
      - Ⅰ. 数字化部门领导者地位
      - Ⅱ. 企业管理层级数量
    - b. 数字化人才
      - Ⅰ. 数字化人才比重
      - Ⅱ. 数字化技能员工覆盖率
      - Ⅲ. 初级数字化技能人才培训支出比

- 数字化战略转型
  - ③管理变革
    - a. 业务数字化管理
      - Ⅰ. 电子商务采购比率
      - Ⅱ. 数字化仓储物流设备占比
      - Ⅲ. 订单准时交付率
      - Ⅳ. 数据可视化率
    - b. 生产数字化管理
      - Ⅰ. 作业自动化编制及优化排程比例
      - Ⅱ. 与过程控制系统（PCS）或生产执行系统（MES）直接相连的数字化设备占比
      - Ⅲ. 数字化检测设备占比
      - Ⅳ. 在线设备管理与运维比例
    - c. 财务数字化管理
      - Ⅰ.ERP 系统覆盖率
      - Ⅱ. 资金周转率
      - Ⅲ. 库存资金占有率
    - d. 营销数字化管理
      - Ⅰ. 更大、更多元的客群（运用数字化技术）
      - Ⅱ. 更完整的客户信息
      - Ⅲ. 精准营销、内容营销、数字化客户生命周期管理
  - （2）困难
    - ①网络安全问题与个人信息保护问题
    - ②数据容量问题
    - ③“数据孤岛”问题
    - ④核心数字技术问题
    - ⑤技术伦理与道德问题
      - a. 算法偏见与歧视
      - b. 学术伦理规范
      - c. 技术的误用滥用
    - ⑥法律问题
      - a. 侵犯知识产权
      - b. 泄露用户隐私
      - c. 新型侵财类行为（如虚拟货币）
  - （3）主要任务
    - ①构建数字化组织设计，转变经营管理模式
      - a. 制定数字化转型战略
      - b. 建立数字化企业架构
      - c. 推动数字化组织变革
    - ②加强核心技术攻关，夯实技术基础
    - ③打破“数据孤岛”，打造企业数字化生态体系
    - ④加快企业数字文化建设
    - ⑤利用新兴技术，提升公司网络安全水平
    - ⑥重视数字伦理，提升数字素养

公司治理

公司治理概述

企业制度演进
- （1）业主制
- （2）合伙制
- （3）公司制

提示：
特殊普通合伙企业责任承担：①因故意或重大过失造成的债务：坏人无限责，他人有限责（财产份额为限）；
②非因故意或重大过失造成的债务：全体无限责 新

公司治理相关理论
- （1）委托代理理论
- （2）资源依赖理论
- （3）利益相关者理论
- （4）产权理论 — 明确性、专有性、可转让性、可操作性 新
- （5）不完全契约理论 新

公司治理的主要问题 变

股东与经理层之间的利益冲突（内部人控制问题）
- （1）含义 — 内部成员（代理人）架空所有者的有效控制，侵蚀作为外部人（股东）的合法权益
- （2）表现
  - ①违背忠诚义务
    - a. 过高的在职消费
    - b. 盲目过度投资，经营行为的短期化
    - c. 侵占资产，转移资产
    - d. 工资、奖金等收入增长过快，侵占利润
    - e. 会计信息作假、财务作假
    - f. 建设个人帝国
  - ②违背勤勉义务
    - a. 信息披露不完整、不及时
    - b. 敷衍偷懒不作为
    - c. 财务杠杆过度保守
    - d. 经营过于求稳、缺乏创新
- （3）应对策略
  - ①完善公司治理体系，加大监督力度
  - ②强化监事会、审计委员会等的监督职能
  - ③加强内部审计工作
  - ④完善和加强公司的外部监督体系

- （1）含义 — 控股股东剥夺其他中小股东利益的行为
- （2）表现
  - ①滥用企业资源——违背勤勉义务
  - ②占用企业资源——违背忠实义务
    - a. 直接占用资源
      - Ⅰ. 直接借款、利用控制的企业借款、代垫费用、代偿债务、代发工资、利用公司为终极股东违规担保、虚假出资
      - Ⅱ. 预付账款（上市公司预付给大股东）
      - Ⅲ. 占用企业商标、品牌、专利等无形资产，抢占企业的商业机会

- 大股东与中小股东之间的利益冲突（隧道挖掘问题 / 剥夺型公司治理问题）
  - b. 关联性交易（以非市场价格交易）
    - Ⅰ. 商品服务交易活动（大股东对于商品或服务的“高卖低买”）
    - Ⅱ. 资产租用和交易活动（大股东对于资产的“高卖低买”）
    - Ⅲ. 费用分摊活动（共同费用的随意分摊）
  - c. 掠夺性财务活动
    - Ⅰ. 掠夺性融资（财务作假骗取融资；向终极股东低价定向增发）
    - Ⅱ. 内幕交易
    - Ⅲ. 掠夺性资本运作（大股东对于股权的“高卖低买”）
  - （3）应对策略
    - ①累积投票制
    - ②建立有效的股东民事赔偿制度
    - ③建立表决权排除 / 回避制度
    - ④完善小股东的代理投票权
    - ⑤建立股东退出机制
- 股东与其他利益相关者之间的利益冲突
  - （1）其他利益相关者包括：债权人（重点关注）、供应商、渠道商、员工等
  - （2）应对策略：应当拥有企业的剩余控制权，企业的经营决策者必须考虑他们的利益并给予相应的报酬或补偿

公司内部治理结构 （变）

- 公司内部治理结构的模式
  - （1）外部控制主导型治理模式（英美模式）
  - （2）内部控制主导型治理模式（德日模式）
  - （3）家族控制主导型治理模式（东亚、东南亚模式）
- 股东和股东会
  - （1）股东的权利
    - ①股利分配和剩余财产分配请求权
    - ②增资优先认股权
    - ③依法转让股权或股份的权利
    - ④查阅、建议和咨询权
    - ⑤提议召开临时股东会和自行召集的权利
    - ⑥临时提案权
    - ⑦表决权
    - ⑧选举权和被选举权
    - ⑨申请法院解散公司的权利
    - ⑩其他诉讼权
  - （2）股东会的职权
    - ①决定公司关键人员人事任免：公司的董事、监事等关键人员的选举、更换及其薪酬安排等事项都由股东会决定，以约束公司董事或监事履职，保障股东权益
    - ②决定公司重要事项：监督董事会和监事会工作，审议和批准董事会和监事会的报告；决定公司利润分配、发行债券、注册资本变更、公司章程修改、合并、分立、解散和清算等重大事项

公司治理

公司内部治理结构

- 董事会
  - （1）董事会的职权
    - ①决策监督：负责公司的重大经营决策，同时监督公司经理层履职情况，包括决定经营计划和投资方案、决定公司内部管理机构设置、决定公司经理层和财务负责人等关键管理人员任免、制定利润分配方案、制定注册资本变更或债券发行方案和制定公司的基本管理制度等
    - ②咨询：为公司提供咨询服务，表现为董事会中成立的许多专门委员会
  - （2）独立董事的职权
    - ①决策监督：更加客观理性地发表意见并能够对公司的内部利益相关方之间的潜在重大利益冲突、公司财务及审计等事项进行监督
    - ②咨询：提供专业客观的建议；提供公司稀缺资源
- 监事会职权
  - （1）监事会是公司的专门监督机构，对公司董事、高级管理人员行为进行监督，纠正董事、高级管理人员的利益损害行为，必要时可以向董事和高级管理人员提出罢免建议或提起诉讼
  - （2）监事会对股东会负责，有权提议召开临时股东会会议，并有权向股东会会议提案
  - （3）监事可以列席董事会会议，并对董事会决议事项提出质询或者建议
  - （4）监事会发现公司财务、经营等情况异常，可以进行调查；必要时，可以聘请会计师事务所等协助其工作
- 经理层职权
  - （1）主持公司的生产经营管理工作，组织实施董事会决议
  - （2）组织实施公司年度经营计划和投资方案
  - （3）拟订公司内部管理机构设置方案
  - （4）拟订公司的基本管理制度
  - （5）制定公司的具体规章
  - （6）提请聘任或者解聘公司副经理、财务负责人
  - （7）决定聘任或者解聘除应由董事会决定聘任或者解聘以外的负责管理人员
  - （8）董事会授予的其他职权
- 国有企业各级党委（党组）
  - （1）总体要求
    - ①把加强党的领导和完善公司治理统一起来是中国特色公司治理的重要内容
    - ②国有企业的公司章程应写明党组织的职责权限、机构设置、运行机制、基础保障等重要事项，落实党组织在公司治理结构中的法定地位
  - （2）作用 — 发挥领导作用，把方向、管大局、保落实，重大经营管理事项必须经党委（党组）研究讨论后，再由董事会或者经理层作出决定
  - （3）党的领导和公司治理（“双向进入、交叉任职”）
    - ①符合条件的党委（党组）班子成员可以通过法定程序进入董事会、监事会、经理层
    - ②董事会、监事会、经理层成员中符合条件的党员可以依照有关规定和程序进入党委（党组）
    - ③党委（党组）书记、董事长一般由同一人担任，党员总经理担任副书记
    - ④确因工作需要由上级企业领导人员兼任董事长的，根据企业实际，党委书记可以由党员总经理担任，也可以单独配备

- **公司外部治理机制**
  - 市场机制
    - (1) 产品市场 — 通过产品市场的竞争压力对经理人员的约束
    - (2) 资本市场 — 通过接管和兼并方式对经理人员行为进行约束
    - (3) 经理人市场 — 通过声誉对经理人员行为进行约束
  - 外部监督机制
    - (1) 行政监督
    - (2) 司法监督
    - (3) 中介机构执业监督
      - ①会计师事务所
      - ②律师事务所、投资银行、资信评级等中介机构
    - (4) 舆论监督
      - ①公众
      - ②媒体
- **管理实践发展与公司治理** 新
  - 双重股权结构与公司治理
    - (1) 具体设置
      - ①低投票权股（即 A 类股）：通常由投资者和公众股东持有，一股一票
      - ②高投票权股（即 B 类股）：通常由创始人或创始团队持有，一股可以代表多票
    - (2) 特点
      - ①同股不同权
      - ②现金流权与控制权分离
      - ③股东权益的可变动性不同
    - (3) 影响

正面影响	负面影响
①控制权集中 ②融资便利 ③决策高效 ④发展稳定 ⑤投资价值提高	①削弱内部监督 ②造成利益冲突 ③弱化市场监督（通过盈余管理掩盖负面信息和真实的财务状况） ④阻碍公司治理改革（结构僵化和落后）

  - 可持续发展对公司治理的影响
    - (1) 优化公司治理结构
    - (2) 完善公司治理机制
    - (3) 提升公司治理水平
    - (4) 提高企业信息披露质量
    - (5) 推动公司治理国际化
  - 数智化对公司治理的影响
    - (1) 提升治理效率
    - (2) 提高信息透明度
    - (3) 优化企业决策
    - (4) 赋能外部治理机制

第六章 风险与风险管理概述

（考 2 ~ 3 分）

风险与风险管理概述

风险的概念

(1) 企业风险与企业战略和绩效相关
(2) 风险是一系列可能发生的结果，而不是最有可能的结果
(3) 风险既具有客观性，又具有主观性
(4) 风险与机遇并存

风险的要素

(1) 风险因素
- ①有形风险因素：直接影响事物物理功能的物质风险因素（如水源或空气污染）
- ②无形风险因素
  - a. 道德风险因素（不诚实、不正当或不轨企图）
  - b. 心理风险因素（主观上的过失或疏忽）

(2) 风险事件（事故）— 造成损失的偶发事故

(3) 风险后果
- ①含义
  - a. 同时满足：非故意的、非预期的和非计划的（“三非”）+ 经济价值的减少
  - b. 举例

典型举例	“三非”	经济价值减少	是否属于损失
折旧、馈赠	×	√	×
精神失常	√	×	×
精神损失费	√	√	√

- ②分类
  - a. 直接损失：指风险事件导致的财产损毁和人身伤害
  - b. 间接损失：指由直接损失引起的其他损失，如额外费用损失、收入损失和责任损失等

风险管理的概念

(1) 风险管理的决策主体是风险管理单位
(2) 风险管理的核心是降低损失并致力于创造价值
(3) 风险管理的对象可以是纯粹风险，也可以是投机风险
(4) 风险管理过程是决策和控制的过程

风险管理的特征

(1) 客观性：风险不以人的意志为转移且不可能彻底消除
(2) 战略性：主要运用于企业战略管理层面
(3) 可行性：风险不可完全避免，但防范与控制风险、分散和转移风险成本是可能的
(4) 系统性
- ①全面性：风险管理是一项全面性的管理
- ②广泛性：风险管理是涉及许多领域的管理
- ③全员性：由企业治理层、管理层和所有员工参与

(5) 专业性：需要专业人才实施专业化管理
(6) 二重性：既要管理纯粹风险，也要管理投机风险

风险管理的目标

- （1）基本目标：维持企业与组织的生存和发展
- （2）直接目标：保证组织的各项活动恢复正常运转；尽快实现企业持续稳定的收益
- （3）核心目标：确保风险管理与总体战略目标相匹配，实现企业价值最大化
- （4）支撑目标：加强企业文化建设

风险管理的职能

- （1）计划职能：设计管理方案，并制订风险应对的实施计划
- （2）组织职能：根据风险管理计划，对风险管理单位的活动及其生产要素进行的分派和组合
- （3）指导职能：组织该机构的成员去实现风险管理计划
- （4）控制职能：根据事先设计的标准，对计划的执行情况进行测定、评价和分析

笔记区

风险管理的流程、体系与方法

风险管理的流程

- 收集风险管理初始信息
  - （1）战略风险
  - （2）财务风险
  - （3）市场风险
  - （4）运营风险
  - （5）法律合规风险
- 进行风险评估（定性 + 定量）
  - （1）风险辨识
  - （2）风险分析
  - （3）风险评价
- 制定风险管理策略 — 确定风险偏好、风险承受度与风险管理有效性标准，选择风险管理策略工具，确定资源配置原则
- 提出和实施风险管理解决方案
  - （1）外部解决方案：外包
  - （2）内部解决方案：风险管理体系的运转
- 风险管理监督与改进
  - （1）监督方法 — 压力测试、返回测试、穿行测试、风险控制自我评估
  - （2）业务单位 — 定期自查和检验，检查报告应及时报送企业风险管理职能部门
  - （3）风险管理职能部门
    - ①定期检查各部门和业务单位风险管理工作实施情况
    - ②对跨部门和业务单位的风险管理解决方案进行评价
    - ③出具评价和建议报告，及时报送总经理或其委托分管工作的高管
  - （4）内部审计部门
    - ①每年至少一次对上述各部门的风险管理工作进行监督评价
    - ②监督评价报告报送董事会或其下设的风险管理委员会和审计委员会
  - （5）中介机构 — 对全面风险管理工作进行评价，出具风险管理评估和建议专项报告

风险管理策略

- （1）定范围：确定风险偏好和风险承受度
  - ①针对公司重大风险制定，由董事会决定
  - ②风险度量（风险承受度的定量表述）
    - a. 最大可能损失（概率 ×，损失 √）
    - b. 概率值（概率 √，损失 ×）
    - c. 期望值（概率 √，损失 √）
    - d. 波动性（概率 √，损失 √）
    - e. 在险值（概率 √，损失 √）
    - f. 直观方法（专家意见法）
- （2）定标准：风险管理的有效性标准

风险管理体系

(3) 选工具：风险管理策略的工具

- ①风险承担：未能辨识（可采用）、无能为力（可采用）、重大风险（不可采用）
- ②风险规避：通过回避、停止、退出等手段使风险消失
- ③风险转换：通过战略调整或使用衍生品等手段使风险 1 转换为风险 2，总风险基本不变
- ④风险控制：减轻风险事件发生的损失或降低风险事件发生的概率（不能完全杜绝）
- ⑤风险转移：通过合同或非合同的方式将风险全部或部分转移到第三方（如保险、非金融型的风险转移、风险证券化）
- ⑥风险对冲：通过引入多个因素使风险 1 和风险 2 互相抵消，总风险降低
- ⑦风险补偿：对损失进行（主动）补偿（如损失融资、风险准备金或应急资本）

(4) 配资源：风险管理的资源配置

风险管理组织职能体系

(1) 概览

分清“谁对谁负责”

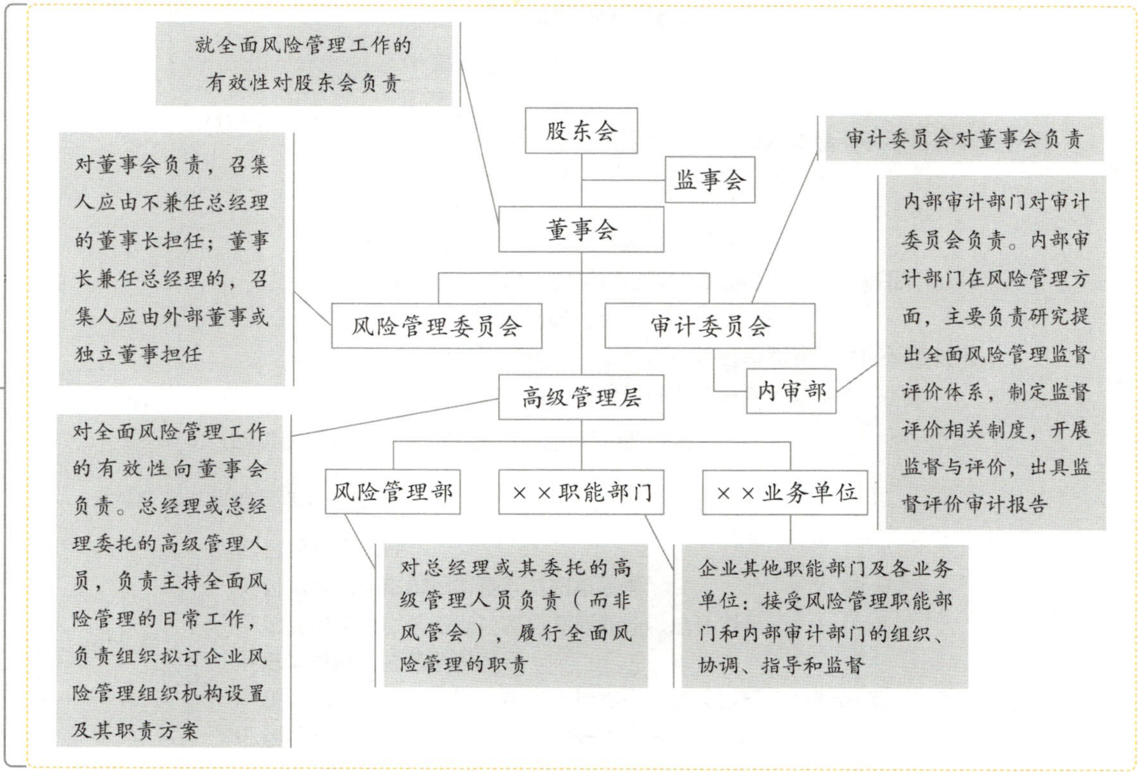

风险管理的流程、体系与方法

风险管理体系

风险管理组织职能体系

- (2) 董事会
  - ①审议并向股东会提交企业全面风险管理年度工作报告
  - ②确定风险管理总体目标、风险偏好、风险承受度
  - ③了解掌握各项重大风险及其风险管理现状，做出有效控制风险的决策
  - ④批准
    - a. 风险管理策略和重大风险管理解决方案
    - b. 重大决策、重大风险、重大事件和重要业务流程的判断标准
    - c. 重大决策的风险评估报告
    - d. 内部审计部门提交的风险管理监督评价审计报告
    - e. 风险管理组织机构设置及其职责方案
    - f. 风险管理措施
  - ⑤督导企业风险管理文化的培育
- (3) 风险管理委员会
  - ①（向董事会）提交全面风险管理年度报告
  - ②审议
    - a. 风险管理策略和重大风险管理解决方案
    - b. 重大决策、重大风险、重大事件和重要业务流程的判断标准
    - c. 重大决策的风险评估报告
    - d. 内部审计部门提交的风险管理监督评价审计综合报告
    - e. 风险管理组织机构设置及其职责方案
- (4) 风险管理职能部门
  - ①研究提出
    - a. 全面风险管理工作报告及改进方案
    - b. 重大决策、重大风险、重大事件和重要业务流程的判断标准
    - c. 重大决策风险评估报告
    - d. 重大风险管理解决方案
  - ②负责
    - a. 对全面风险管理有效性的评估
    - b. 组织建立风险管理信息系统
    - c. 组织协调全面风险管理日常工作
    - d. 指导、监督各业务单位开展全面风险管理工作
- (5) 审计委员会
  - ①定期会面：定期与外聘及内部审计师会面一次，管理层无须出席
  - ②争议解决：审计委员会成员之间的不同意见如无法内部调解，应提请董事会解决
  - ③年度复核：应每年对其权限及其有效性进行复核，就必要的人员变更向董事会报告
- (6) 其他职能部门及各业务单位
- (7) 下属公司

- 内部控制系统5大要素
  - (1) 内部环境（控制环境）— 治理结构 + 职责权限、董事会 + 监事会 + 经理层、审计委员会、内部机构设置（组织结构）+ 职责权限、内部审计机构、人力资源政策、员工选拔和培养（职业道德 + 专业胜任能力）、文化建设、法制建设
  - (2) 风险评估 — 收集信息、开展评估（确定风险承受度）、识别风险（内部 + 外部）、分析风险（确定关注重点和优先级）、确定应对风险策略并及时调整
  - (3) 控制活动 — 不相容职务分离控制、授权审批控制、会计系统控制（包括设置会计机构、配备会计从业人员）、财产保护控制、预算控制、运营分析控制、绩效考评控制、重大风险预警机制和突发事件应急处理机制
  - (4) 信息与沟通 — 建立信息与沟通制度、处理信息、沟通信息、发挥信息技术的作用、反舞弊机制、举报投诉制度和举报人保护制度
  - (5) 内部监督（监控）— 制定监督制度 + 明确职责权限、制定内控缺陷认定标准、评价内控有效性（出具自我评价报告）+ 认定内控缺陷类型、记录或资料保存（可验证性）
- 运用金融工具实施风险管理策略
  - (1) 特点
    - ①需要判断风险的定价
    - ②应用范围一般不包括声誉等难以衡量价值的风险，也难以消除战略失误造成的损失
    - ③技术性强
    - ④创造价值
  - (2) 损失事件管理
    - ①损失融资
      - a. 预期损失融资：属于运营资本
      - b. 非预期损失融资：属于风险资本
    - ②风险资本 — 除运营资本外，公司补偿风险造成的财务损失而需要的资本
    - ③应急资本 — 是一个金融合约，规定时间发生特定事件可获得融资，并为此按时间向资本提供方缴纳费用，如信用证、循环信用工具等，属于融资选择权，可以不使用，是一种风险补偿
    - ④保险 — 降低了购买保险一方的风险，可保风险是纯粹风险，机会风险（如购买股票的风险）不可保
    - ⑤专业自保
      - a. 特点：由被保险人所有和控制，承保其母公司（及其子公司）的风险，可通过租借的方式承保其他公司的保险，不在保险市场上开展业务
      - b. 优点：降低运营成本；改善公司现金流；保障项目更多；相对公平的费率；保障的稳定性；可进行再保险；提高服务水平
      - c. 缺点：提高内部管理成本；增加资本投入；损失储备金不足；减少其他保险的可得性
- 风险管理信息系统 — 信息的采集、存储、加工、分析、测试、传递、报告、披露等

风险管理的流程、体系与方法

风险管理的技术与方法

定性

- （1）头脑风暴法
  - ①含义 — 公开集体讨论，但讨论者不一定是专家
  - ②优点
    - a. 激发了想象力，有助于发现新的风险和全新的解决方案
    - b. 让主要的利益相关者参与其中，有助于全面沟通
    - c. 速度较快并易于开展
  - ③局限性
    - a. 参与者可能缺乏必要的技术或知识，无法提出有效的建议
    - b. 意见易分散，较难保证全面性
    - c. 特殊情况会使某些有重要观点的人保持沉默而其他人成为讨论的主角
- （2）德尔菲法
  - ①含义 — 独立且匿名、反复进行以达成共识，参与者均是专家
  - ②优点
    - a. 由于匿名表达观点，更可能表达出不受欢迎的看法
    - b. 所有观点有相同的权重，避免重要人物占主导地位
    - c. 专家不必聚集在某个地方，实施比较方便
    - d. 专家最终形成的意见具有广泛的代表性
  - ③局限性
    - a. 权威人士的意见影响他人的意见
    - b. 有些专家碍于情面，不愿意发表与其他人不同的意见
    - c. 有些专家可能出于自尊心而不愿意修改自己原来的意见
    - d. 过程复杂，花费时间较长
- （3）流程图分析法
  - ①含义 — 针对每一阶段、每一环节调查分析，发现潜在风险
  - ②优点
    - a. 清晰明了，易于操作
    - b. 组织规模越大，流程越复杂，越能体现出优越性
  - ③局限性 — 使用效果依赖于专业人员的水平
- （4）风险评估系图法
  - ①含义 — 识别某一风险是否会对企业产生重大影响，并将此结论与风险发生的可能性相联系
  - ②优点 — 简单，直观明了
  - ③局限性 — 若需进一步探求风险原因，则过于简单，缺乏有效的经验证明和数据支持

定量

- （1）马尔科夫分析法
  - ①含义 — 未来的状态仅取决于现在的状态，涉及数学建模以及计算机程序辅助
  - ②优点 — 能够计算出具有维修能力和多重降级状态的系统概率
  - ③局限性
    - a. 无论是故障还是维修，都假设状态变化的概率是固定的
    - b. 所有事项在统计上具有独立性
    - c. 需要了解状态变化的各种概率
    - d. 有关矩阵运算的知识比较复杂，非专业人士很难看懂
- （2）敏感性分析法
  - ①含义 — 针对潜在的风险，研究项目的各种不确定因素变化至一定幅度时，计算其主要经济指标变化率及敏感程度
  - ②优点
    - a. 为决策提供有价值的参考信息
    - b. 清晰地为风险分析指明方向
    - c. 帮助企业制定紧急预案

- ③局限性
  - a. 所需要的数据经常缺乏，无法提供可靠的参数变化
  - b. 分析时借助公式计算，未考虑不确定因素在未来发生变动的概率
- （3）决策树法
  - ①含义 — 在不确定的情况下，以序列方式表示决策选择和结果
  - ②优点
    - a. 为决策问题的细节提供清楚的图解说明
    - b. 能够计算得到一种情形的最优路径
  - ③局限性
    - a. 大的决策树过于复杂，不易与他人交流
    - b. 为了能够用树形图表示，可能有过于简化环境的倾向
- （4）统计推论法
  - ①含义
    - a. 前推：历史推未来
    - b. 后推：已知推未知
    - c. 旁推：类似项目
  - ②优点
    - a. 在数据充足可靠的情况下简单易行
    - b. 应用领域广泛
  - ③局限性
    - a. 历史事件的前提和环境已变，不一定适用于今天或未来
    - b. 没有考虑事件的因果关系

定性 + 定量

- （1）失效模式、影响和危害度分析法（FMECA）
  - ①含义 — 分析各个模块可能存在的故障（如断电）及其严重程度（如需 30min 恢复）、发生概率（如 1%）
  - ②优点
    - a. 广泛适用于人力、设备和系统以及硬件、软件和程序失效模式的分析
    - b. 识别组件失效模式及其原因和对系统的影响，可读性较强
    - c. 通过在设计初期发现问题，避免开支较大的设备改造
    - d. 识别单个失效模式以适合系统安全的需要
  - ③局限性
    - a. 只能识别单个失效模式，无法同时识别多个
    - b. 一般耗时较长且开支较大
- （2）情景分析法
  - ①含义 — 识别和分析最佳情景、最差情景及期望情景，预计威胁和机遇可能发生的方式
  - ②优点 — 对于未来变化不大的情况能够给出比较精确的模拟结果
  - ③局限性
    - a. 在存在较大不确定性的情况下，有些情景可能不够现实
    - b. 对数据的有效性以及分析师和决策者开发现实情境的能力有很高的要求
    - c. 作为一种决策工具，所用情景可能缺乏充分的基础，数据可能具有随机性
- （3）事件树分析法
  - ①含义 — 初始事件发生之后互斥性后果的图解技术
  - ②优点
    - a. 以清晰的图形显示
    - b. 能说明时机、依赖性以及很烦琐的多米诺效应
    - c. 生动地体现事件的顺序
  - ③局限性
    - a. 需识别一切潜在的初始事项，可能会错过重要的初始事项
    - b. 很难将延迟成功或恢复事项纳入其中
    - c. 任何路径都取决于路径上以前分支点处发生的事件

企业面对的主要风险与应对

战略风险

- **含义**：企业在运用各类资源与能力追求发展的过程中，因自身内部环境与外部复杂环境匹配失衡而产生的影响、阻碍战略目标实现的各种因素（变）
- **影响因素**
  - (1) 战略环境
  - (2) 战略资源
  - (3) 战略能力
  - (4) 战略定位
  - (5) 领导者的领导力
- **主要表现与应对**
  - (1) 战略制定风险
    - ①主要表现 — 战略目标不合理，脱离实际，盲目发展
    - ②应对
      - a. 战略信息收集 — 制定战略前，企业战略归口管理部门收集企业内外部信息，明确机遇、威胁、优势及劣势，为企业制定战略规划提供参考意见及决策支持
      - b. 战略研究 — 制定战略时，企业应组织专业人员开展研究工作，形成战略规划报告，报决策机构批准
  - (2) 战略实施风险
    - ①主要表现 — 实施人员缺乏、实施组织不力（信息传递受阻、组织结构不匹配、激励与资源支持不足）
    - ②应对
      - a. 战略实施人员
        - Ⅰ. 企业应该配置恰当的战略实施人员来推进和实现战略落地
        - Ⅱ. 战略实施人员应参与企业战略制定、战略实施、战略调整和战略复盘整改全过程
      - b. 战略实施组织
        - Ⅰ. 改进、完善信息收集、传递系统与机制
        - Ⅱ. 建立、完善与企业战略相匹配的组织结构
        - Ⅲ. 战略分解
        - Ⅳ. 加强战略激励和资源支持
  - (3) 战略调整风险
    - ①主要表现 — 战略与环境、资源、能力不适应时，未能正确调整（太激进、太保守、方向错、换领导）
    - ②应对
      - a. 决策层会同战略归口管理部门、战略实施人员确定战略调整目标，制定战略调整方案，并经过必要的审批流程传达给相关部门和人员
      - b. 决策层组织相关部门和人员，通过一定的程序和机制，采用恰当的措施，落实战略方案，推进并实现战略调整或战略转型
  - (4) 战略复盘整改风险
    - ①主要表现 — 未能及时复盘、整改
    - ②应对
      - a. 企业应经常组织战略实施人员、相关专业人员开展战略复盘
      - b. 针对在战略复盘中发现的问题及产生的原因，企业应及时组织相关部门制定战略整改方案

市场风险

- **含义**：外部市场的复杂性和变动性所带来的企业经营的不确定性（变）
- **影响因素**
  - (1) 产品或服务的价格及供需变化带来的风险
  - (2) 能源、原材料、配件等物资供应的充足性、稳定性和价格的变化带来的风险
  - (3) 主要客户、主要供应商的信用风险
  - (4) 利率、汇率、股票价格指数的变化带来的风险
  - (5) 潜在进入者、竞争者、与替代品的竞争带来的风险
- **主要表现与应对**
  - (1) 市场趋势风险
    - ①主要表现
      - a. 政策识别 — 企业未能把握监管当局的政策导向及宏观环境、市场环境的变化，可能导致企业产品、服务的推广及销售受到影响
      - b. 市场调研（变） — 企业未开展对整体市场、竞争对手的分析以及对不同层次客户需求的调研，未制定有效的市场竞争策略，可能导致企业失去现有市场份额，降低其市场竞争力
      - c. 产品竞争力 — 企业未能预测并适应消费者偏好的变化，从而未能及时调整产品和服务结构，可能导致企业失去核心市场地位
    - ②应对
      - a. 政策识别 — 企业应当主动识别、管理和应对国家和地方的政策法规中对企业不利的因素，积极与国家和当地政府相关部门建立良好的沟通，及时获知政策导向并采取相应措施
      - b. 市场调研 — 企业应定期开展整体市场趋势、竞争对手分析，运用大数据深入挖掘、掌握各类客户的需求，及时更新市场竞争策略，保持自身经营特色并维护品牌形象，提高企业在市场上的竞争力
      - c. 产品竞争力 — 企业应及时预测市场未来走势并制定应急方案，在企业核心产品的销售量呈下滑趋势时，后续产品应能够及时补位，避免市场占有率下降
  - (2) 分销风险
    - ①主要表现（变）
      - a. 营销活动 — 外部市场的改变使现有营销活动丧失吸引力，可能导致企业失去部分或全部市场份额
      - b. 品牌战略 — 企业未制定完善的品牌战略，未有效细分品牌，未制定有效的品牌管理措施，可能导致企业丧失知名度
      - c. 产品定价 — 企业未能准确把握政府对企业产品定价的要求，可能导致企业违反政府关于对某些产品、服务实行最高零售价、流通差价率、期间费用率控制的要求
      - d. 产品结构 — 企业对核心产品过分依赖，或者企业的产品过于单一，可能导致企业不能通过增加品种提高产品附加值，也不能积极应对市场波动
      - e. 分销商管理 — 企业未能建立分销商评级及监管机制，分销商表现不佳，可能导致公司声誉受到影响
      - f. 销售计划 — 企业未能在目标市场实现既定的销售任务，可能导致企业战略目标及经营目标难以落实
      - g. 客户管理 — 企业未能建立规范的客户管理体系和客户服务流程，未能有效维护与目标客户的关系，可能导致企业形象受损、客户流失

企业面对的主要风险与应对

市场风险

主要表现与应对

- （2）分销风险 — ②应对
  - a. 营销活动 — 根据市场变化制定或及时调整产品营销策略，统筹营销活动，通过有效的产品推广活动及技术手段在市场竞争中巩固、提高市场份额和产品优势
  - b. 品牌战略 — 制定和实施完善的品牌战略，有效传达产品的品牌价值，维护、提高品牌在目标人群中的知名度
  - c. 产品定价 — 遵守、执行政府颁布的价格法规和价格政策，加强对商品定价的科学管理，规范产品及服务定价流程，制定价格保密措施，降低价格不合理或价格信息外泄的风险
  - d. 产品结构 — 定期分析产品结构，合理确定产品种类和品种数量，加强产品开发，对产品生命周期进行有效管理，并根据市场情况及时调整产品结构
  - e. 分销商管理 — 制定并实施有效的渠道管理政策，建立、完善对分销商的评级、监管机制，防范窜货行为，防止出现经销商的不良行为影响企业品牌、声誉和产品销售的现象
  - f. 销售计划 — 制定并完善销售管理流程，合理制订销售计划，定期检查销售计划执行情况，合理安排销售人员的销售任务并制定相应的激励措施，提高销售人员的积极性
  - g. 客户管理 — 建立完善的客户管理体系、规范的客户服务流程及标准，在保证企业利益的同时满足客户要求，建立、维护与目标客户的有效沟通和良好关系

财务风险

含义

企业财务相关管理活动不规范或财务成果（收入、利润等）和财务状况（资产、负债、所有者权益）偏离预期目标的不确定性

影响因素

- （1）因预算编制、执行或考核存在偏差而导致的风险
- （2）因筹资决策不当、筹集资金运用不合理可能引发的风险
- （3）因资金调度不合理、管控不严而导致的风险
- （4）因企业投资决策不当、缺乏投资实施管控而导致的风险
- （5）因财务报告编制、分析、披露不准确、不完整可能引发的风险
- （6）因企业担保决策失误、监控不当而导致的风险

（1）全面预算管理风险

- ①主要表现
  - a. 不编制预算或预算不健全，可能导致企业经营缺乏约束或盲目经营
  - b. 预算目标不合理、编制不科学，可能导致企业资源浪费或发展战略难以实现
  - c. 预算缺乏刚性、执行不力、考核不严，可能导致预算管理流于形式
- ②应对
  - a. 预算编制与下达 — 原则上，企业批准下达的预算应当保持稳定，不得随意调整
  - b. 预算指标分解和责任落实
  - c. 预算执行 — 对于超预算或预算外的资金支付，应当实行严格的审批制度
  - d. 预算分析与调整 — 当市场环境、国家政策或不可抗力等客观因素导致预算执行发生重大差异确需调整预算的，应由企业预算执行部门逐级向预算管理部门提出书面申请，根据规定程序经审批下达后，予以严格执行

- e. 预算考核 — 在考核主体和考核对象界定方面，须做到上级预算责任单位对下级预算责任单位实施考核，预算执行单位的直接上级对其进行考核（间接上级不能隔级考核间接下级），预算执行与预算考核相互分离

主要表现与应对

- (2) 筹资管理风险
  - ①主要表现
    - a. 筹资决策不当，引发资本结构不合理或无效融资，可能导致企业筹资成本过高或债务危机
    - b. 未按审批的筹资方案执行筹资活动，擅自改变资金用途，未及时偿还债务或进行股利分配，可能导致公司发生经济纠纷或诉讼
  - ②应对
    - a. 筹资方案可行性论证 — 原则上，重大筹资方案应当形成可行性研究报告，全面反映风险评估情况
    - b. 筹资方案审批
      - Ⅰ. 对于重大筹资方案，应当按照规定的权限和程序实行集体决策或者联签制度。筹资方案发生重大变更的，应当重新进行可行性研究并履行相应审批程序
      - Ⅱ. 企业应当严格按照筹资方案确定的用途使用资金，由于市场环境变化等确须改变资金用途的，应当履行相应的审批程序
    - c. 筹资方案实施 — 对于以股票方式筹资的，应当选择合理的股利分配政策，且股利分配方案应当经过股东会批准，并按规定履行披露义务
    - d. 筹资会计系统控制 — 定期与资金提供方进行账务核对
- (3) 资金营运管理风险
  - ①主要表现
    - a. 资金调度不合理、营运不畅，可能导致企业陷入财务困境或资金冗余
    - b. 资金活动管控不严，可能导致资金被挪用、侵占、抽逃或遭受欺诈
  - ②应对
    - a. 资金收付
      - Ⅰ. 企业在生产经营及其他业务活动中取得的资金收入应当及时入账，不得账外设账，严禁收款不入账、设立“小金库”
      - Ⅱ. 严格规定出纳人员根据资金收付凭证登记日记账，会计人员根据相关凭证登记有关明细分类账，主管会计登记总分类账
    - b. 现金管理 — 企业应定期执行库存现金盘点，发现盘盈、盘亏情况，及时调查原因，进行账务处理
    - c. 银行账户管理
      - Ⅰ. 应定期开展银行对账，编制银行存款余额调节表，确保相关收付款交易均被真实、准确、完整地记录在适当的会计期间
      - Ⅱ. 应定期开展银行账户清理，及时关闭闲置账户
    - d. 票据与印章管理 — 企业应当严格贯彻不相容职务分离的原则，严禁将办理资金支付业务的相关印章和票据集中一人保管，印章要与空白票据分管，财务专用章要与企业法人章分管
    - e. 费用报销

企业面对的主要风险与应对

财务风险

主要表现与应对

- (4) 投资管理风险
  - ①主要表现
    - a. 投资决策失误，引发盲目扩张或丧失发展机遇，可能导致资金链断裂或资金使用效益低下
    - b. 未按审批的投资方案执行投资活动，未对投资项目开展有效的后续跟踪和监控，或对投资项目处置不当，可能影响企业投资收益
  - ②应对
    - a. 投资方案可行性论证
    - b. 投资方案决策 — 重大投资项目，应当按照规定的权限和程序实行集体决策或者联签制度。投资方案发生重大变更的，应当重新履行相应审批程序
    - c. 投资方案实施 — 对于股权类投资，企业应当指定专门机构或人员对投资项目进行跟踪管理
    - d. 投资处置 — 转让投资时应由相关机构或人员合理确定转让价格，报授权批准部门批准，必要时可委托具有相应资质的专门机构进行评估
    - e. 投资会计系统控制 — 对于被投资方出现财务状况恶化、当期市价大幅下跌等情形的，企业财会机构应当根据国家统一的会计准则和制度规定，合理计提减值准备，确认减值损失
- (5) 财务报告风险
  - ①主要表现
    - a. 编制财务报告违反会计法律法规和国家统一的会计准则制度，可能导致企业承担法律责任和声誉受损
    - b. 提供虚假财务报告，误导财务报告使用者，造成决策失误，干扰市场秩序
    - c. 不能有效利用财务报告，难以及时发现企业经营管理中存在的问题，可能导致企业财务和经营风险失控
  - ②应对
    - a. 财务报告编制
    - b. 财务报告对外提供
      - Ⅰ. 企业财务报告编制完成后，应当装订成册，加盖公章，由企业负责人、总会计师或分管会计工作的负责人、财会部门负责人签名并盖章
      - Ⅱ. 财务报告须经注册会计师审计的，审计报告应当随同财务报告一并提供
      - Ⅲ. 企业对外提供的财务报告应当及时整理归档妥善保存
    - c. 财务报告分析利用
- (6) 担保风险
  - ①主要表现
    - a. 对担保申请人的资信状况调查不深入，审批不严或越权审批，可能导致企业担保决策失误或遭受欺诈
    - b. 对被担保人出现财务困难或经营陷入困境等状况监控不力，应对措施不当，可能导致企业承担法律责任
    - c. 担保过程中存在舞弊行为，可能导致经办审批等相关人员涉案或企业利益受损

- ②应对
  - a. 担保调查评估 — 企业应委派具备胜任能力的专业人员对担保申请人进行全面、客观的调查和评估，并形成书面评估报告
  - b. 担保授权审批
    - Ⅰ. 重大担保业务，应当经董事会或类似权力机构批准
    - Ⅱ. 对于被担保人要求变更担保事项的，企业应当重新履行调查评估与审批程序
  - c. 担保合同签订
  - d. 担保日常监控 — 企业应当对被担保人的经营情况和财务状况进行跟踪和监督，并及时报告被担保人经营困难、债务沉重，或者存在违反担保合同的其他异常情况，以便于及时采取有针对性的应对措施
  - e. 担保会计控制 — 若发现被担保人出现财务状况恶化、资不抵债、破产清算等情形，应当合理确认预计负债和损失

运营风险

- 含义 — 运营失败或使运营活动达不到预期的目标的可能性及损失
- 影响因素
  - (1) 企业产品结构、新产品研发方面可能引发的风险
  - (2) 企业新市场开发，市场营销策略方面可能引发的风险
  - (3) 企业组织效能、管理状况、企业文化，高、中层管理人员和重要业务流程中专业人员的知识结构、专业经验等方面可能引发的风险
  - (4) 质量、安全、环保、信息安全等管理中发生失误导致的风险
  - (5) 因企业内、外部人员的道德缺失和不当行为导致的风险
  - (6) 因业务控制系统失灵导致的风险
  - (7) 给企业造成损失的自然灾害等风险
  - (8) 对企业现有业务流程和信息系统操作运行情况的监管、运行评价及持续改进的能力不足可能引发的风险
- 主要表现与应对
  - (1) 组织架构风险
    - ①主要表现
      - a. 治理结构形同虚设，缺乏科学决策、良性运行机制和执行力，可能导致企业经营失败，难以实现发展战略
      - b. 组织机构设置不科学，权责分配不合理，可能导致机构重叠、职能交叉或缺失、推诿扯皮、运行效率低下等问题
    - ②应对
      - a. 组织架构设计 — 企业在岗位权限设置和分工安排环节，要坚持不相容职务分离原则，确保可行性研究与决策审批、决策审批与执行、执行与监督检查等不相容职务分离
      - b. 组织架构运行 — 企业的重大事项决策、重大项目安排、重要人事任免及大额资金使用等，须按照规定的权限和程序实行集体决策审批或者联签制度
      - c. 组织架构优化调整 — 企业组织架构调整需充分听取董事、监事、高级管理人员和其他员工的意见，按照规定的权限和程序进行决策审批

企业面对的主要风险与应对

运营风险

主要表现与应对

- (2) 人力资源风险
  - ①主要表现
    - a. 人力资源缺乏或过剩、结构不合理、开发机制不健全，可能导致企业发展战略难以实现
    - b. 人力资源激励约束制度不合理、关键岗位人员管理不完善，可能导致人才流失、经营效率低下或关键技术、商业秘密和国家机密泄露
    - c. 人力资源退出机制不当，可能导致法律诉讼或企业声誉受损
  - ②应对
    - a. 人力资源规划与选聘 — 通过建立选聘人员试用期和岗前培训制度，对试用期人员进行严格考察，以使选聘人员全面了解岗位职责，掌握岗位基本技能，适应工作要求
    - b. 人力资源开发
    - c. 人力资源激励与约束
    - d. 人力资源退出 — 企业可依据绩效考核结果、裁员政策等，对未达到要求的员工，视情况采取降职、转岗、转岗培训、解雇；关键岗位人员离职前，须根据有关法律法规的要求进行工作交接或离任审计
- (3) 社会责任风险
  - ①主要表现
    - a. 安全生产措施不到位，责任不落实，可能导致企业发生安全事故
    - b. 产品质量低劣，侵害消费者利益，可能导致企业巨额赔偿、形象受损，甚至破产
    - c. 环境保护投入不足，资源耗费大，造成环境污染或资源枯竭，可能导致企业巨额赔偿、缺乏发展后劲，甚至停业
    - d. 促进就业和员工权益保护不够，可能导致员工积极性受挫，影响企业发展和社会稳定
  - ②应对
    - a. 安全生产管理 — 对特殊岗位实行资格认证制度，降低安全生产风险发生的可能性；若发生生产安全事故，企业应及时启动应急预案
    - b. 产品质量管理 — 对售后服务应加强管理，妥善处理投诉和建议，对存在严重质量缺陷的产品，及时召回或采取有效措施
    - c. 环境保护与资源节约管理 — 发生紧急、重大环境污染事件时，企业须启动应急机制，及时报告和处理
    - d. 员工权益保护
- (4) 企业文化风险
  - ①主要表现
    - a. 缺乏积极向上的企业文化，可能导致员工丧失对企业的信心和认同感，企业缺乏凝聚力和竞争力
    - b. 缺乏开拓创新、团队协作和风险意识，可能导致企业发展目标难以实现，影响可持续发展
    - c. 缺乏诚实守信的经营理念，可能导致舞弊事件的发生，造成企业损失，影响企业信誉
    - d. 忽视企业间的文化差异和理念冲突，可能导致并购重组失败
  - ②应对
    - a. 企业文化建设 — 管理层应积极发挥示范作用，促进文化建设在内部各层级的有效沟通；对于并购企业，企业需重视并购重组后的文化建设，促进并购双方的文化融合
    - b. 企业文化评估
- ①主要表现
  - a. 采购计划安排不合理，市场变化趋势预测不准确，造成库存短缺或积压，可能导致企业生产停滞或资源浪费
  - b. 供应商选择不当，采购方式不合理，招投标或定价机制不科学，授权审批不规范，可能导致采购物资质次价高，出现舞弊或遭受欺诈
  - c. 采购验收不规范，付款审核不严，可能导致采购物资、资金损失或信用受损

- (5) 采购业务风险
  - ②应对
    - a. 采购需求和计划管理 — 具有请购权的部门须严格按照预算执行进度办理请购手续，提出合理采购申请
    - b. 采购供应商管理
    - c. 采购过程管理
      - Ⅰ. 对于大宗采购，企业通常采用招投标方式
      - Ⅱ. 应建立严格的采购验收制度，确定验收方式，由专门的验收机构或验收人员按照合同规定，对采购项目的品种、规格、数量、质量等进行验收，并出具验收证明
    - d. 采购付款管理
      - Ⅰ. 对采购预算、合同、相关单据凭证等内容审核无误后，按照合同规定及时办理采购付款
      - Ⅱ. 需重视采购付款的过程控制和跟踪管理，对采购发票的真实性、合法性和有效性进行严格审查；发现异常情况，企业应立即终止付款流程，避免资金损失
      - Ⅲ. 需定期对大额或长期的预付款项进行追踪核查，对有问题的预付款项应当及时采取措施
      - Ⅳ. 应通过函证等方式，定期与供应商核对往来款项，确保会计记录、采购记录与仓储记录一致
    - e. 采购业务后评估
- (6) 资产管理风险
  - ①主要表现
    - a. 存货积压或短缺，可能导致流动资金占用过量、存货价值贬损或生产中断
    - b. 固定资产更新改造不够、使用效能低下、维护不当、产能过剩，可能导致企业缺乏竞争力、资产价值贬损、安全事故频发或资源浪费
    - c. 无形资产缺乏核心技术、权属不清、技术落后、存在重大技术安全隐患，可能导致企业法律纠纷、缺乏可持续发展能力
  - ②应对
    - a. 存货管理
      - Ⅰ. 企业需针对存货的发出和领用环节，制定严格的审批流程，对于大批存货、贵重商品或危险品，还应实行特别授权
      - Ⅱ. 定期盘点和不定期抽查相结合，并在每年底对库存物品进行全面的盘点清查，形成书面报告
    - b. 固定资产管理
      - Ⅰ. 应当重视固定资产的日常维护保养，制订合理的维护保养与检修计划；对于关键设备的运行情况进行严格监控，规范操作流程
      - Ⅱ. 应定期对固定资产技术先进性进行评估
      - Ⅲ. 为确保固定资产的安全，企业可建立严格的固定资产投保制度
      - Ⅳ. 需每年定期对固定资产进行全面盘点清查，重点关注固定资产的抵押、处置等关键环节
    - c. 无形资产管理
      - Ⅰ. 当无形资产权属关系发生变动时，应当及时办理权证转移手续
      - Ⅱ. 为确保企业核心技术的先进性，应当定期评估专利技术等无形资产

企业面对的主要风险与应对

运营风险

主要表现与应对

- (7) 销售业务风险
  - ①主要表现
    - a. 销售政策和策略不当，市场预测不准确，销售渠道管理不当等，可能导致销售不畅、库存积压、经营难以为继
    - b. 客户信用管理不到位，结算方式选择不当，账款回收不力等，可能导致销售款项不能收回或遭受欺诈
    - c. 销售过程存在舞弊行为，可能导致企业利益受损
  - ②应对
    - a. 销售策略制定
    - b. 客户开发与信用管理 — 企业对新开发的客户应严格执行信用审核和授信管理要求，并持续跟踪和监督客户信用情况，动态更新客户信用档案，关注重要客户资信变动情况
    - c. 销售过程管理 — 按照相应审批要求对销售合同进行严格审核后方可正式签订，以避免发生疏漏和欺诈
    - d. 销售回款管理
      - Ⅰ. 企业应制定并完善应收款项管理制度，把回款目标的完成情况纳入绩效考核
      - Ⅱ. 销售部门负责应收款项的催收，催收记录（包括往来函电）应妥善保存；财会部门负责办理资金结算并监督款项回收
      - Ⅲ. 企业需完善对销售、发货和收款的相关会计系统的控制，确保会计记录、销售记录与仓储记录核对一致
    - e. 客户服务管理
      - Ⅰ. 企业应制定和完善客户服务管理制度，设立专人或部门进行客户服务，跟踪服务质量
      - Ⅱ. 企业可安排客户回访，定期或不定期开展客户满意度调查
- (8) 研究与开发风险
  - ①主要表现
    - a. 研究项目未经科学论证或论证不充分，可能导致创新不足或资源浪费
    - b. 研发人员配备不合理或研发过程管理不善，可能导致研发成本过高、舞弊或研发失败
    - c. 研究成果转化应用不足、保护措施不力，可能导致利益受损
  - ②应对
    - a. 研发项目立项审核与实施
      - Ⅰ. 需根据研发计划和实际需要，提出项目立项申请，开展可行性研究，编制可行性研究报告
      - Ⅱ. 重大研发项目应当报董事会或类似权力机构集体审议决策
    - b. 研发项目过程管理
      - Ⅰ. 企业应加强对研发过程的管理，建立研发项目管理制度和技术标准和信息反馈和重大事项报告制度
      - Ⅱ. 企业研发项目委托外单位承担的，需对其资质等进行严格审核，签订委托研发合同；企业与其他单位合作进行研发的，需对合作单位进行尽职调查
      - Ⅲ. 项目的变更调整、延期、终止时，企业应按照项目管理要求进行相应审批
      - Ⅳ. 企业应制定并执行项目验收制度，聘请独立的具有专业胜任能力的人员或机构进行测试和评审
    - c. 研发成果转化管理 — 企业对于通过验收的研发成果，可委托相关机构进行审查，确认是否申请专利
    - d. 研发项目评价与监督

- (9) 工程项目管理风险
  - ①主要表现
    - a. 立项缺乏可行性研究或者可行性研究流于形式，决策不当，盲目上马，可能导致难以实现预期效益或项目失败
    - b. 项目招标“暗箱”操作，存在商业贿赂，可能导致中标人实质上难以承担工程项目、中标价格失实及相关人员涉案
    - c. 工程造价信息不对称，技术方案不落实，预算脱离实际，可能导致项目投资失控
    - d. 工程物资质次价高，工程监理不到位，项目资金不落实，可能导致工程质量低劣，进度延迟或中断
    - e. 对工程建设进度缺乏有效监控或监管不严，可能导致工程项目进度严重落后于项目计划
    - f. 工程款结算管理要求不明确，未按项目进度目标拨付工程进度款，工程付款相关凭证审核不严，可能导致工程建设资金使用管理混乱
    - g. 竣工验收不规范，最终把关不严，可能导致工程交付使用后存在重大隐患
  - ②应对
    - a. 工程项目立项管理
      - Ⅰ. 企业应当指定专门机构归口管理工程项目，根据发展战略和年度投资计划，提出项目建议书，开展可行性研究，编制可行性研究报告
      - Ⅱ. 企业可以委托具有相应资质的专业机构开展可行性研究形成可行性研究报告，并对可行性研究报告进行评审，出具评审意见；从事项目可行性研究的专业机构不得再从事可行性研究报告的评审
      - Ⅲ. 企业应当按照规定的权限和程序对工程项目进行决策，决策过程应有完整的书面记录
      - Ⅳ. 重大工程项目的立项，应当报经董事会或类似权力机构集体审议批准
    - b. 工程设计与造价管理 — 企业可以组织工程、技术、财会等相关部门的专业人员或委托具有相应资质的中介机构对编制的概预算进行审核。工程项目概预算按照规定的权限和程序审批通过后方可执行
    - c. 工程项目招标管理
      - Ⅰ. 不得违背工程施工组织设计和招标设计计划将应由一个承包单位完成的工程肢解为若干部分发包给几个承包单位
      - Ⅱ. 企业应当依法组建评标委员会，评标委员会对所提出的评审意见承担责任
      - Ⅲ. 企业须按照规定的权限和程序从中标候选人中确定中标人，并及时向中标人发出中标通知书
    - d. 工程建设管理
      - Ⅰ. 企业应实行严格的工程监理，委托经招标确定的监理单位进行监理
      - Ⅱ. 未经工程监理人员签字，工程物资不得在工程上使用或者安装，不得进行下一道工序施工，不得拨付工程价款，不得进行竣工验收
      - Ⅲ. 重大的项目变更应当按照项目决策和概预算控制的有关程序和要求重新履行审批手续
    - e. 工程项目验收管理 — 企业需加强竣工决算审计，未实施竣工决算审计的工程项目，不得办理竣工验收手续
    - f. 工程项目后评估

企业面对的主要风险与应对

运营风险

主要表现与应对

- (10) 业务外包风险
  - ①主要表现
    - a. 外包范围和价格确定不合理，承包方选择不当，可能导致企业遭受损失
    - b. 业务外包监控不严、服务质量低劣，可能导致企业难以发挥业务外包的优势
    - c. 业务外包存在商业贿赂等舞弊行为，可能导致企业相关人员涉案及企业遭受经济损失和品牌受损
  - ②应对
    - a. 业务外包实施方案制定
      - Ⅰ. 企业应当根据年度生产经营计划和业务外包管理制度，结合确定的业务外包范围，制定实施方案，按照规定的权限和程序进行审批，避免核心业务外包
      - Ⅱ. 对于重大业务外包，总会计师或企业分管会计工作的负责人应参与决策，并将重大业务外包方案提交董事会或类似权力机构审批
    - b. 承包方选择
    - c. 业务外包实施过程管理 — 企业需密切关注重大业务外包承包方的履约能力，对承包方的履约能力进行持续评估，无法按照合同约定履行义务的，应及时终止合同，必要时需按合同进行索赔
    - d. 业务外包验收与结算管理 — 企业应根据合同约定和验收标准，组织相关部门或人员对承包方交付的产品或服务的质量进行审查和全面测试，确保产品或服务符合要求，并出具验收证明
- (11) 合同管理风险
  - ①主要表现
    - a. 未订立合同、未经授权对外订立合同、合同对方主体资格未达要求、合同内容存在重大疏漏和欺诈，可能导致企业合法权益受到侵害
    - b. 合同未全面履行或监控不当，可能导致企业诉讼失败、经济利益受损
    - c. 合同纠纷处理不当，可能损害企业利益、信誉和形象
  - ②应对
    - a. 合同相对方调查与谈判
      - Ⅰ. 对于影响重大、跨多业务领域或法律关系复杂的合同，可以组织法律、技术、财会等专业人员共同参与谈判，必要时也可聘请外部专家参与
      - Ⅱ. 为了避免合同舞弊，谈判过程中的重要事项和参与谈判人员的主要意见，应当予以记录并妥善保存
    - b. 合同订立 — 合同文本一般由业务承办部门起草；对于重大合同或法律关系复杂的特殊合同，由法律部门参与起草
    - c. 合同审核 — 对于影响重大、跨多业务领域或法律关系复杂的合同文本，企业可以组织内部相关业务部门进行会审
    - d. 合同签署
      - Ⅰ. 正式对外订立的合同，应由企业法定代表人或其授权代理人签署并加盖有关印章；授权签署的合同，需同时签署授权委托书
      - Ⅱ. 属于上级单位管理权限的合同，除有特殊情况，下级单位一般无权签署；如果下级单位确需签署涉及上级管理权限的合同，应提出申请，并履行相关审批程序
      - Ⅲ. 企业还需加强对合同专用章的保管，在合同经编号、审批、签署后，方可加盖合同专用章

- e. 合同履行 — 对于内部授权处理的合同纠纷，应当签署授权委托书，未经授权批准，相关人员不得做出任何实质性答复或承诺
- f. 合同结算
  - Ⅰ. 企业财务部门应当在严格审核合同条款后，按照合同规定进行付款
  - Ⅱ. 对于未有效履约合同条款或应签订书面合同而未签的，财务部门应拒绝办理结算业务，并及时向有关负责人报告
- g. 合同登记 — 应制定合同文本统一分类和连续编号的管理要求，明确合同借阅和归还的职责权限和审批程序等
- h. 合同管理后评估 — 需建立合同管理评估制度，每年定期对合同履行的总体情况和重大合同履行的具体情况进行分析评价

(12) 内部信息传递风险
- ①主要表现
  - a. 内部报告系统缺失、功能不健全、内容不完整，可能影响生产经营的信息无法及时传递和有序运行
  - b. 内部信息传递不通畅、不及时，可能导致决策失误、相关政策措施难以落实
  - c. 内部信息传递中泄露商业秘密，可能削弱企业核心竞争力
- ②应对
  - a. 内部报告指标体系建立 — 内部报告指标体系与全面预算管理相结合，将预算控制的全过程和结果及时向企业管理层报告
  - b. 内部报告编制
  - c. 内部报告传递流程 — 应根据信息的重要性，确定不同的流转环节，规范内部报告传递流程，并在各管理层级指定专人负责内部报告传递工作，及时上报重要信息，必要时可直接报告高级管理人员
  - d. 内部报告使用 — 企业应明确内部报告的保密内容、保密程度及传递范围
  - e. 内部报告评价工作 — 企业应建立内部报告评价制度，定期对内部报告的及时性及内部信息传递的全面性、完整性、安全性、有效性进行评价
  - f. 内部报告反舞弊管理 — 企业还需建立反舞弊情况通报制度，定期就反舞弊的情况进行通报

笔记区

企业面对的主要风险与应对

运营风险

主要表现与应对

（13）信息系统风险

- ①主要表现
  - a. 信息系统缺乏或规划不合理，可能造成信息孤岛或重复建设，导致企业经营管理效率低下
  - b. 系统开发不符合内部控制要求，授权管理不当，可能导致无法利用信息技术实施有效控制
  - c. 系统运行维护和安全措施不到位，可能导致信息泄露或毁损，系统无法正常运行
- ②应对
  - a. 信息系统规划
  - b. 信息系统开发实施
    - Ⅰ. 企业应按照不同业务的控制要求，通过信息系统中的权限管理功能控制用户的操作权限，避免将不相容职责的处理权限授予同一用户
    - Ⅱ. 对于必需的后台操作，企业应建立规范的流程制度，记录保留操作日志，确保操作的可审计性。对于异常的或者违背内部控制要求的交易和数据，企业应设计由系统自动报告并建立跟踪处理机制
    - Ⅲ. 企业应组织独立于开发单位的专业机构对开发完成的信息系统进行验收测试
  - c. 信息系统的运行与维护
    - Ⅰ. 企业要指定专人负责系统运行的日常维护，做好系统运行记录，对异常情况和突发事件要及时响应上报
    - Ⅱ. 企业需建立信息系统变更管理流程，对系统变更申请严格审核，严格控制紧急变更，审核通过后方可进行系统变更，对变更的系统功能需进行测试
    - Ⅲ. 信息系统操作人员不得擅自进行系统软件的删除、修改等操作；不得擅自升级、改变系统软件版本；不得擅自改变软件系统环境配置
    - Ⅳ. 企业委托专业机构进行系统运行维护管理的，应当审查该机构的资质和信用状况等，并与其签订服务合同和保密协议
  - d. 信息系统评估

法律风险和合规风险

含义

- （1）法律风险（民事责任）— 企业在经营过程中因自身经营行为的不规范或者外部法律环境发生重大变化而造成不利法律后果的可能性
- （2）合规风险（行政责任和道德责任）— 企业因违反法律或监管要求而受到制裁、遭受金融损失以及因未能遵守所有适用法律、法规、行为准则或相关标准而给企业信誉带来损失的可能性

影响因素

- （1）国内外与企业相关的政治、法律环境可能引发的风险
- （2）影响企业的新法律法规和政策可能引发的风险
- （3）员工的道德操守可能引发的风险
- （4）企业签订的重大协议和有关贸易合同可能引发的风险
- （5）企业发生重大法律纠纷案件可能引发的风险
- （6）企业和竞争对手的知识产权可能引发的风险

主要表现与应对

- (1) 法律责任风险
  - ①主要表现
    - a. 公司生产经营违反了相关法律法规或其他规定、流程手续、资质要求等，可能导致公司遭受法律制裁、监管处罚、重大财务损失和声誉损失
    - b. 公司面临外部诉讼纠纷时，未能积极妥善应对，或由于应诉行为不当，可能导致企业承担潜在利益损失
  - ②应对
    - a. 违规行为 — 公司管理层应根据企业的风险管理流程设计风险管理制度，建立法律合规问责和处罚制度；完善监控机制，制定纠正和预防措施，持续改进法律合规管理体系的有效性
    - b. 法律纠纷 — 企业应配置专业的法务人员，建立法律管理相关的制度规范及符合企业核心利益的应对策略；重视事后评估，分析企业经营管理的现实和潜在风险，提出防范建议
- (2) 行为规范风险
  - ①主要表现
    - a. 企业管理层未引导员工建立正确的价值观，员工或其他利益相关者的潜在不道德行为，可能导致企业声誉受到负面影响
    - b. 公司管理层未识别出舞弊的高风险岗位并对其风险进行控制，可能导致公司面临直接的经济损失或对公司形象产生负面影响
  - ②应对
    - a. 道德行为 — 企业应当制定员工职业道德规范，并定期组织培训，要求员工确认知晓程度，关注潜在的利益冲突行为，并展开调查，以确保企业在法律规范下经营运作
    - b. 廉洁和舞弊行为 — 企业应制定廉洁及反舞弊管理措施，有效防范管理层违规决策、挪用企业资金、贪污企业资产、收受贿赂等行为，防范员工或合作伙伴的潜在违法行为，避免给企业带来直接经济损失或对企业形象产生负面影响

笔记区

企业面对的主要风险与应对

法律风险和合规风险

主要表现与应对

(3) 监管风险

①主要表现

- a. 企业未能有效识别进口产品在出口海关、出口国可能遇到的监管要求，或者未能准确理解政府贸易规定、海关规定，可能导致企业的经济损失或交易失败
- b. 企业未能识别和防范由于违反国家和劳动保障机构制定的相关法规，可能导致企业面临人事合规带来的风险
- c. 对于上市公司，企业未能识别和防范证券监督管理要求，如证券交易所的股票交易规则及内控标准等，可能导致企业面临潜在的合规和法律风险
- d. 企业未能识别并遵守国家健康、安全和环保方面的法律与规范；未对员工提供适当的安全、环保意识培训；安全管理体系不健全，或相关管理制度无法有效执行；缺少突发事件报告体系，可能导致企业财产损失
- e. 企业未能按时向税务机关、工商机关等提交税务报告、年检报告等资料，受到监管机构的检查批评或处罚，可能导致企业信用及声誉受损
- f. 企业未能识别和防范反商业贿赂、反垄断、反不正当竞争等市场交易行为监管要求，可能导致企业面临潜在的合规风险
- g. 企业未能有效筛选或识别商业伙伴的不合规行为，可能导致企业遭受行政处罚，造成经济或声誉损失以及其他负面影响

②应对

- a. 贸易 — 应关注政府贸易的监管要求，识别和防范违反政府贸易规定、海关规定、地缘政治规则和跨国交易带来的潜在合规风险
- b. 人事合规 — 企业应严格招聘程序，加强对劳动者入职审查，建立并执行合法合规的劳动合同管理制度、合理的工资结构，制定符合实际的绩效考核机制，规避人事合规风险给企业带来的纠纷
- c. 有价证券 — 企业应关注证券监管机构的监管要求，建立完善的证券业务制度规范，对执业行为的合规性进行审查监督
- d. 健康、安全与环保 — 企业应严格遵守法律法规，建立完善的安全管理体系，对突发事件制定相关的应急预案；定期组织员工培训，加强员工的安全、环保意识
- e. 财税合规 — 企业应时刻关注政府监管要求，严格按照要求报送税务报告、年检报告等；加强对财税风险的监控，评估预测财税风险，并指定相应的应对方案
- f. 反贿赂、反垄断、反不正当竞争 — 企业应关注反商业贿赂、反垄断、反不正当竞争等市场交易行为的监管要求，收集法律规定及各国际组织的规章条文，制定符合国内外标准的反商业贿赂、反垄断、反不正当竞争等制度体系
- g. 商业伙伴 — 企业应逐步建立商业伙伴的合规风险管控机制，重点关注与各类商业伙伴的合作义务以及责任相关的合规义务履行能力和履行情况，根据合作类型（如供应商、客户、投资伙伴和其他商业伙伴等类型）和合规风险等级，对商业伙伴开展动态风险评估和闭环管理